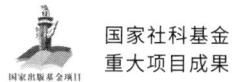

对外汉语教学语法丛书

◎ **总主编** 齐沪扬

介 词

李铁范 ◎主编 ｜ 李贤卓 ◎著

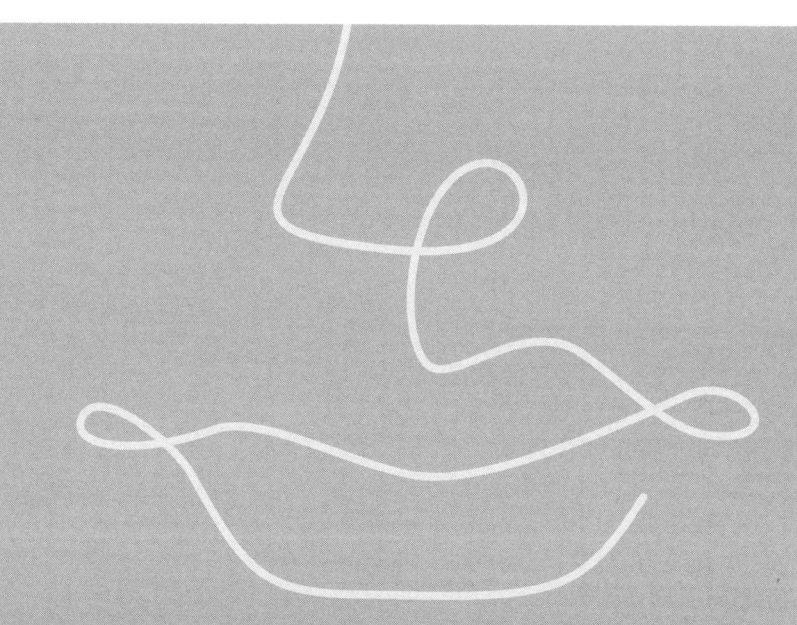

©2024 北京语言大学出版社，社图号 24073

图书在版编目（CIP）数据

介词 / 李铁范主编；李贤卓著. -- 北京：北京语言大学出版社，2024.6
（对外汉语教学语法丛书 / 齐沪扬总主编）
ISBN 978-7-5619-6567-2

Ⅰ.①介… Ⅱ.①李… ②李… Ⅲ.①汉语—介词—对外汉语教学—教学研究 Ⅳ.① H195.3

中国国家版本馆CIP数据核字（2024）第085845号

介　词
JIECI

排版制作：	华伦图文制作中心
责任印制：	周　燚

出版发行：	北京语言大学出版社
社　　址：	北京市海淀区学院路 15 号，100083
网　　址：	www.blcup.com
电子信箱：	service@blcup.com
电　　话：	编辑部　8610-82303395
	发行部　8610-82303650/3591/3648
	北语书店　8610-82303653
	网购咨询　8610-82303908
印　　刷：	北京联兴盛业印刷股份有限公司

版　次：	2024 年 6 月第 1 版	**印　次：**	2024 年 6 月第 1 次印刷
开　本：	710 毫米 ×1000 毫米　1/16	**印　张：**	17
字　数：	279 千字		
定　价：	88.00 元		

PRINTED IN CHINA
凡有印装质量问题，本社负责调换。售后 QQ 号 1367565611，电话 010-82303590

总　序

摆在读者面前的，是国家社科基金重大项目"对外汉语教学语法大纲研制和教学参考语法书系（多卷本）"（17ZDA307）的所有成果。这些成果包括大纲系列4册、书系系列26册、综述系列8册，以及选取研究过程中发表的一部分优秀学术论文集辑而成的论文集1册，共计39本著作，约700万字。这个项目的研制，历时5年有余，参加的研究人员多达50余人，来自国内和海外近30所高校。

2017年11月，全国哲学社会科学工作办公室正式公布"2017年度国家社科基金重大项目立项名单"。2018年4月14日，国家社科基金重大项目"对外汉语教学语法大纲研制和教学参考语法书系（多卷本）"的开题报告会举行。2019年8月，2017年度国家社科基金重大项目中期检查评估报告提交，2023年1月召开课题结项鉴定会。

根据专家组的意见，特别是专家组组长赵金铭教授两次谈话的意见，按照全国哲学社会科学工作办公室立项通知书上的要求，本项研究牢固树立问题意识、创新意识和精品意识，立足学术前沿，体现有限目标，突出研究重点，注重研究方法，符合学术规范。项目的执行情况、所解决的问题和最终成果如下：

大纲、书系和综述是主要的研究成果。三类不同的成果面对的读者是不一样的：大纲是给教师教学与科研使用的，同时也顾及学习汉语、研究汉语的一些国际学生；书系主要是给在一线教学的对外汉语教师看的，以解决这些教师在教学过程中的实际问题为目的；综述是对大纲和书系的补充，主要面向对外汉语教师、汉语国际教育专业研究生和本科生，以及需要进一步了解、研究相关领域的群体，为这些人继续研究相关问题提供材料和方法。三种不同的读者群体决定了三类成果的不同写法。

1. 大纲研制

大纲研制的最终成果是两套大纲：分级大纲（初级大纲和中级大纲）和分类大纲（书面语大纲和口语大纲），共4册。语法大纲不局限于语法知识本身，而是以学习者语言能力的培养为目标。凡是能促进学习者语言能力的语法项目都应析出为大纲的项目。语法项目的编排依据的是语法形式，使用条件式来描述细目的功能。使用条件式有利于促进语法知识转化为语言能力。

分级大纲中语法项目的等级不宜简单理解为语言本身的难度区分，更应理解为习得过程性的内在要求。以促进学习者生成语言能力为目标，支持学习者语言能力生成的语法项目都应列目，项目编排以语法结构为基础，细目的描写以促进语言能力生成为重。大纲体现习得的过程性，总体上为螺旋形呈现。

目前对外汉语教学和科研依据的都是通用语体的语法大纲，至今尚没有分语体的大纲问世，这种状况显然与发展迅速的第二语言教学事业不相适应。书面语语法大纲和口语语法大纲的研制，填补了大纲研究的空白，在今后的教学指导、教材编撰、汉语水平测试等方面，都能发挥很大的作用。

2. 书系研发

我们在全国范围内分三批次遴选和推荐了撰稿人，这些撰稿人都有长期从事对外汉语教学的经历，且都是语法专业背景出身。从目前情况看，学术界和教学界都需要这一类书，这套书也具有填补空白的作用。而且，这套书是开放性的，条件成熟了可以再继续做下去，达到30本到50本的规模，甚至再多一些都是可能的。

书系的研发应以"语法项目"作为书名，不求体系完整，成熟一本撰写一本；专业性不能太强，要考虑到书系的读者需求，他们阅读这本书是为了解决教学上的问题,除了必要的理论阐述和说明之外,要尽量早一点儿切入教学中去;提出的问题要切合教学实际,60~80个问题,其实就是这本书的目录,有人来查,很快就能对症下药,找到自己想要的东西;提的问题要有针对性,要有实用性,针对学生的水平等级,围绕这个语法项目,把教学上可能遇到的问题按等级排序。总之,这是一套深入浅出的普及性小册子,一定会受到广大对外汉语教师的欢迎。

3. 综述编著

按照标书要求,阶段性成果包括两套综述汇编。编著这两套综述汇编,首先是项目研制的需要,是和大纲研制、书系研发互相支撑、互相配合的;其次是近20年的综述汇编,学术界和出版界均尚无相关成果问世,很多研究者迫切需要这方面的资料;最后是这套综述汇编的写法与其他综述成果不同,两套综述不仅仅是"资料汇编",里面更有很多作者的评议和引导,是"编著"类的"综述",这类"综述"其实是不多的。这样的写法比目前在做的或者已经出版的"综述"要科学得多,实用得多。

综述分为两套:《近20年对外汉语语法教学研究》和《近20年汉语作为第二语言语法习得研究》。综述的主要读者应该是研究者,是关心该领域的研究者,作者收集的材料要尽可能齐全,作者所做的分析要有依据,作者做出的解释要能让研究者信服。两套综述都能做到对相关问题做出梳理,述评结合,突出评价的学术性、原创性和实用性,力图使读者对相关论题有一个全面的认识和深刻的思考,并为进一步的研究提供方向。

对上述这些成果的介绍只能点到为止,事实上,具体到每一本著述,都是有必要重点介绍的。好在每套书都另有主编,请读者自行阅读每套书的主编写的"序"吧。我这里还想向读者介绍的是这些著述的作者们,没有他们,这些成果难以问世。

本项课题涉及面广,研究人员多,在最初填写招标书时我们已经意识到了:"本项研究工程浩大,……大纲和书系非一校之力可完成,将集中全国不同高校共同承担。"本课题前后参加研究的人员有50多人，分布在国内及海外近30所高校。如何将这些研究人员组织起来，集思广益，凝神聚力？课题组在"集全国高校之力"上，下了大力气。

原先设想由某个高校具体负责某块项目研究，但该想法在实际操作中遇到了问题。开题报告会后，课题组调整后的组织方式体现出优势来。四个研发小组的组长取代了原来子课题负责人的职位和功能，优势体现在：他们面对的是具体的项目，而不是具体的研究人员；他们针对项目选取研究人员，而不是为已有的研究人员配备研究内容；他们可以从全国高校选择自己相中的研究人员，而无须采取先满足校内再满足校外的程序和方式。人尽其才，物尽其用，效率提高，质量保证，自然是意料之中的结果。例如，书系组的20多位作者来自15所高校，综述组的作者来自12所高校。这是第一个方面。

第二个方面，就是充分利用会议的机会，将会议定位于有目标的会议、有任务的会议，让会议开出成效来。自课题立项之后，围绕着课题的研究进展，课题组已经开过多次会议。一是一年一度的"教学语法学术讨论会"，课题组所有人员都参加，至今已经开过多届：淮北（2017）、扬州（2018）、南宁（2019）、黄山（2020）等等。二是一年多次的课题专项讨论会，有需要就开。如在杭州，就分别开过综述组、数据平台组、书系组的专项讨论会；在南京、上海都开过大纲组的专项讨论会；2020年7月，在腾讯会议上开过两次大纲组的专项讨论会；等等。这些会议目标明确，交流便捷，解决问题能力强，时间跨度短，是联络不同高校研究人员的好方式。

这套书的所有主编和作者都十分尽力。对外汉语教师的工作量很大，大多数人都有每周10节以上的课时量；况且，大多数人的手上还有自己的科研项目要做，还有自己指导的研究生论文要看，还有各自的研究论文要写。种种忙碌和辛苦之中，要挤出这么多时间和精力，去从事另外一块研究任务，还是高标准、有要求、无报酬的研究任务，如果没有对对外汉语教师这个职业的由衷热爱，没有为对外汉语教学事业做点儿贡献的精神支撑，他们是断然不可能接受这样的研究任务的。更何况有些作者接受了两项不同的研究任务，研究强度和研究压力可想而知。因此可以这么说，这些成果渗透着作者们的辛劳，饱含着作者们的心血，每一本都是"呕心之作",这样的赞誉是得当的。

北京语言大学出版社是这个项目的合作者和推动者。项目立项不久,出版社和课题组就有过接触。出版社前后两任社长和总编辑都向课题组表过态,希望这个课题的所有成果能在北京语言大学出版社出版,出版社愿意为课题的宣传、推广、出版尽责任,做贡献。2020年1月,课题组和出版社有过进一步的密切联系,敲定了详细的合作计划。2022年3月,出版社申报的"对外汉语教学语法丛书"成功入选2022年度国家出版基金资助项目。这些成果的出版,没有出版社的支持是做不到的。

再次感谢在漫长的研究过程中给予我们支持、帮助的所有老师和朋友。

对于这套教学参考语法书系,这里想重点介绍下这套书系的编撰特点和编撰原则。编撰特点可以归纳为以下四点:"设计理念要接受多元的语言学理论指导""编撰方针是两种语法分析方法的结合""结构框架要考虑本体研究和教学研究的需要""问题设计要以'碎片化'语法为主"。关于这四点的具体阐述就不再展开了,事实上读者通过这四点已经可以大致了解这套书系的编撰理念了。入选的26本专著选取了不同的语法项目作为书名,面对不同的主题,每本书都会在不同层面、不同角度、不同对象上反映出这套书系的整体面貌和阐述形式,以及结构框架和问题设计,值得一读。

这套教学参考语法书系两个必须遵守的编撰原则是普及性和实践性。普及性原则体现在要做到对读者进行语法知识的普及。语法知识普及要考虑两个方面的问题:一是理论知识的普及,二是语法术语的普及。书系的编写还要遵守实践性的原则,这个原则体现在三个方面:一是面向教学实践,二是面向教师群体,三是面向教学语法。这套书系不以学术高度与理论深度为目标,而以是否能够解决实际问题为标准。出版这样的系列丛书尚属首次,相信普及性原则和实践性原则会使这套书系更接地气,更受欢迎。

教学参考语法书系研发是和汉语教学语法大纲研制平行的、互相支撑的一项研究,书系是以大纲为参照编写的,作为本体研究和教学研究的重要工具书,是对大纲的深化和阐述。书系书目的确定、编写方式的确定,以及作者队伍的确定,都尽量做到和大纲的研制同质同步。当然,由于书系服务的目标人群和大纲不完全一样,作者会更多地关注语法教学的实效性,对一些具体问题的处理可能会有与大纲不同的地方,这一点也是需要说明的。

谨以此作为总序。

齐沪扬

初稿于 2020 年 7 月

二稿于 2022 年 5 月

三稿于 2022 年 12 月

序

2017年，齐沪扬教授主持的国家社会科学基金重大项目"对外汉语教学语法大纲研制和教学参考语法书系（多卷本）"（17ZDA307）获得批准，我有幸作为子课题（四）的主持人和"对外汉语教学参考语法书系（多卷本）"第一辑的主编身份参与了课题的研究工作。呈现在大家面前的第一辑四本专著就是课题的重要成果之一。

"对外汉语教学参考语法书系（多卷本）"第一辑四本专著以虚词为主题，以"一点一书"的形式呈现，由《语气副词》《范围副词》《时间副词》《介词》组成。虚词意义比较空灵，用法复杂，具有鲜明个性，一直是汉语语法研究的重点，受到学界的广泛关注。副词和介词是虚词的重要类别，因其内部类别、成员多样而复杂，以及与外部其他词类之间关系的交叉性和易混淆性，造成了理论上对它们的认识还不深入、不全面，实践上对它们的用法还有模糊乃至说不清的现象，始终是研究中的焦点、对外汉语教学中的重点、学生学习的难点。基于此，我们选取了语气副词、范围副词、时间副词和介词作为第一辑的研究对象。从第一辑的题目看，语法项目有大有小，有的是下位次类的语法项目，如"语气副词""范围副词""时间副词"；有的是作为"类"的语法项目，如"介词"。《语气副词》由北京华文学院的陈晓蕾博士撰写，《范围副词》由日本小樽商学院的章天明博士撰写，《时间副词》由上海政法学院的李翠博士撰写，《介词》由南京师范大学的李贤卓博士撰写，四位作者都是多年在对外汉语教学一线的骨干教师，也是多年致力于对外汉语教学语法研究的学者。从研究内容上看，四本专著主要围绕着"理论""习得""教学"逻辑展开，综观之，它们具有以下特点。

一是应用的实用性。本专辑四本专著立足于语料库和习得偏误分析,在研究手段、语料运用上都和理论语法专著、汉语语法教科书、专题论文不同,是从新的《对外汉语教学语法大纲》出发,是对大纲的深化和阐述,是配合《对外汉语教学语法大纲》的,是具有科学性、系统性的一套教学参考用书。书系主要面向对外汉语教学的教师,目标是让二语者习得语法规则,能用汉语交际,这就决定了对外汉语教学语法书系必须突出实用性。实用性原则要求教学语法书系的编写者要充分考虑学习者的自身特点,解决他们学习中的问题和需求,尽量把汉语学习的重点和问题包括进来,方便教师找到疑难问题的答案,解决教学和学习中遇到的实际问题。

作者把一个语法研究项目变成一本对外汉语教师喜欢的、普及性的专著,重点在"深入浅出"上下功夫。具体说,对二语者所讲的规则应有充分的使用条件、明白易懂的解释、清楚并容易模仿的例子。这样的规则在书中得到了较好体现。一般都是从句法、语义、语篇、语用等角度进行综合考察,详细解释,没有教条式的长篇理论论述,更多的是给二语者有用的、贴近事实的知识。在文字上,做到通俗易懂,既要让一般教师看得懂,还要考虑让水平较高的留学生看得懂。和语法本体研究的写法不同,没有在概念上打转转,较少用本体研究中的术语,不用晦涩难懂的长句,举的例子通俗易懂,例子都有出处。尤为可喜的是作者都重视教学实践,突出"教什么?""如何教?"。因此在教学部分设计了具体的教学案例,采用多种教学方法,直观地展示了教学的每一步,这就大大增强了教学的实用性。

二是内容的学术性。学术性是四本专著的基本底色。对外汉语教学语法书系虽是面向教学的专著,但体现了鲜明的学术性,尽可能地运用新方法,掌握新理论,吸纳新观点。运用新方法,正如课题首席专家齐沪扬教授所说,从对外汉语教学的需要看,在缺乏汉语语言环境的国家,以规定性语法分析方法为基础教授汉语,有利于为学习者提供一个正确的语言范本,尤其是在初级阶段。描述性语法更注重一种约定俗成,更关注语言的变迁,但这种语言变迁与文化息息相关,密不可分,具有很强的时代性。而这种时代性又正是汉语学习者所需要的,特别是高级阶段的学生。在这样的理论背景下编撰参考语法书系，以规定性语法分析为基础，以描述性语法分析为参考，也就是说，作为教师，以规定性语法分析方法为基础教授汉语，但也必须不断学习和了解描述性语法分析方法，了解语言的变化。这一思想在四本专著中得到了认真贯彻，四位作者做到了规定性语法分析方法和描述性语法分析方法的有机结合。

掌握新理论是二语教学提出的新要求。对二语教学具有重要影响的理论有二语习得理论、中介语理论。比如，二语学习中的"偏误"，它反映了大脑认知机制及运行轨迹，"偏误"具有系统性，属于语言能力范畴。在教学中，运用中介语理论，进行偏误分析，适当进行汉外对比，找出汉外语言异同，概括出两种语言的相关规则，找出偏误原因，可以探索汉语二语的认知机制，并促进教学。所以书系编撰中，作者把学习者中介语作为一种现实存在的语言系统来考察，成规律、成系统地解决学习中的偏误问题。

吸纳新观点主要体现在理论阐述部分，作者在充分总结归纳汉语语法学界关于语法研究的规范成果的基础上，尽量吸收本体研究最新成果，体现成果的时代性。

三是方法的创新性。创新性是时代对书系编撰提出的课题。在书系编撰中，作者都重视研究方法的创新，较好地运用大规模语料库和计算机检索软件，做到定量分析和定性分析结合，以定量分析为主，发挥语料库的功能，获取实证数据作为研究的依据，力求做到体现出教学语法的科学性和时代性。方法的创新性还体现在书系的设计上，书系的撰写是以具体问题呈现的，题目设计主要基于教学中存在的重点、难点和焦点，具有很强的针对性，切合教学实际，一般 50 ~ 80 个题目，方便对外汉语教师教学使用。同时，四位作者都重视写法的创新，每本书中都设计了一些学习者学习过程中常见的偏误以及易混淆副词或介词的辨析，把副词或介词的理论、语言习得和教学三者有机结合起来，体现了系统性。尤为难得的是作者能根据信息时代要求，关注多媒体信息技术在对外汉语教学中的运用，积极开展慕课（MOOC）教学，体现了鲜明的时代性特点。

书系第一辑能够顺利完成，首先要感谢课题首席专家齐沪扬教授，齐先生既是国内外著名的对外汉语语法研究专家，也是一位优秀的科研团队领导者，他的学术影响力和人格魅力把一批有志于对外汉语教学语法研究的海内外学者集聚在一起，协同攻关，在此，我们向齐沪扬教授致以崇高敬意！

第一辑的作者陈晓蕾博士、章天明博士、李翠博士、李贤卓博士贡献了他们的智慧，付出了艰辛的劳动。他们都有繁重的教学、科研任务，为了书系撰写经常加班加点，没日没夜，我为他们这种敬业奉献精神所感动。胡建锋博士在编撰中给予了许多理论和方法指导，倾注了大量心血，在此，我也向他表示衷心感谢！

由于我们没有成熟的经验，加上我的学力和组织能力有限，书系第一辑的编撰还有不足之处，敬请学界专家学者批评指正！我们的态度是真诚的，工作是认真的，希望我们的成果早日问世，更好地为对外汉语学界提供服务和帮助。

是为序。

李铁范

2022年5月22日于黄山

目 录

引 言 / 1

第一部分　介词的基本概念 / 11

1. 介词就是起"介绍"作用的词吗？ / 11

2. 介词是从哪里来的？是怎么来的？ / 15

3. 什么是时间类介词？ / 16

4. 什么是处所类介词？什么是方向类介词？ / 21

5. 什么是工具类介词？什么是依据类介词？ / 25

6. 什么是对象类介词？什么是范围类介词？ / 29

7. 什么是原因类介词？什么是目的类介词？ / 35

8. 什么是处置类介词？什么是被动类介词？ / 38

9. 还有哪些类型的介词？ / 40

第二部分　介词及其短语的特点 / 43

10. 介词的句法分布特征和句法作用是什么？ / 43

11. "在图书馆"和"在图书馆看书"中的"在"一样吗？ / 46

12. "我和他吃饭"和"我和他撒谎"中的"和"一样吗？ / 49

13. 单—双音节介词有哪些不同？ / 52

14. 介词短语能充当哪些句法成分？ / 55

15. 介词宾语有什么特点？ / 59

16. 介词宾语可以缺位吗？ / 62

17. 什么是介词的叠加？ / 66

18. 介词短语在句首和句中一样吗？ / 67

19. "写 / 在黑板上"还是"写在 / 黑板上"？ / 70

20. 有无介词一样吗？ / 72

21. 什么是介词框架？ / 75

22. 介词框架有哪些内部层次和外部功能？ / 78

23. "顺着大路往北走"还是"往北顺着大路走"？ / 81

24. "在……里"中的"在"和"里"什么时候可以省略？ / 84

第三部分　易混淆介词辨析 / 87

25. "老师对我说"还是"老师对于我说"？ / 87

26. "根据报道"还是"按照报道"？ / 90

27. "我对王明借了一本书"还是"我向王明借了一本书"？ / 93

28. "通过思考"还是"经过思考"？ / 96

29. "从我做起"还是"自从我做起"？ / 98

30. "照片发对我"还是"照片发给我"？ / 100

31. "为他买份早点"还是"为了他买份早点"？ / 104

32. "在"和"当"可以互换吗？ / 107

33. "我毕业于中文系"可以说成"我毕业在中文系"吗？ / 109

34. "关于"和"至于"一样吗？ / 111

35. "关于"什么时候可以换成"对于"？ / 114

36. 和方向有关的"朝"和"向"一样吗？ / 117

37. 和方向有关的"朝"和"往"一样吗？ / 120

38. 和方向有关的"向"和"往"一样吗？ / 122

39. 介词"被""叫""让"有什么区别？ / 124

40. "自从"等同于"自"和"从"吗？ / 127

41. "由于"就是"由"和"于"吗？ / 131

42. "从"和"由"可以互换吗？ / 134

43. "按""按照""依""依照"一样吗？ / 138

44. "给""为""替"一样吗？ / 143

45. "在……中"和"在……里"一样吗？ / 145

46. 表达意见的"在……看来"和"对……来说"一样吗？ / 149

第四部分　多义介词辨正 / 153

47. "除了他"究竟有没有"他"？ / 153

48. "给"究竟有几种意思？它们都是介词吗？ / 156

49. "对"究竟有几种意思？它们都是介词吗？ / 159

50. "就"究竟有几种意思？它们都是介词吗？ / 162

51. 怎么用"在……中"？ / 165

52. "在……的时候/时"只表示时间吗？ / 169

53. "从"构成的介词框架有哪些语义功能？ / 170

54. "对于"类介词框架有哪些句法、语义和语用功能特点？ / 173

55. "在……上"和"在……下"在语义上是对称的吗？ / 175

第五部分　学习者常见的介词偏误 / 178

56. 为什么不能说"书和本子都放在书包"？ / 178

57. "从"就是"from"吗？ / 179

58. "在"就是"at/in/on"吗？ / 183

59. "为"就是"for"吗？ / 185

60. 为什么不能说"随着冬天，天气越来越冷了"？ / 188

61. 英语母语者习得介词的常见偏误有哪些？ / 191

62. 日韩汉语学习者习得介词的常见偏误有哪些？ / 194

63. 东南亚汉语学习者习得介词的常见偏误有哪些？ / 197

64. 其他母语者习得介词的常见偏误有哪些？ / 200

65. 汉语作为第二语言学习者习得介词框架的常见偏误有哪些？ / 203

第六部分　介词的教学理念与方法 / 206

66. 介词的教学原则是什么？ / 206

67. 介词的教学方法有哪些？ / 208

68. 怎样安排介词的教学顺序？ / 211

第七部分　介词教学案例 / 215

69. 怎么教介词"在"？ / 215

70. 怎么在语法课上复习对象类介词"对"？ / 217

71. 怎么教表示变化起点、经过和依据的"从"？ / 219

72. 怎么教介词"于"？ / 223

73. 怎么教介词"随着"？ / 226

74. 怎样进行介词"给"和"为"的辨析教学？ / 228

75. 怎样进行介词"朝""向""往"的辨析教学？ / 231

76. 怎么教介词框架"和……一样"？ / 233

77. 怎么教介词框架"除了……以外"？ / 236

78. 怎么教介词框架"在……中"？ / 240

79. 怎样安排与介词"把"相关句型的教学顺序？ / 243

参考文献 / 247

后　记 / 252

引 言

一、写作背景

《介词》一书是国家社科基金重大项目"对外汉语教学语法大纲研制和教学参考语法书系（多卷本）"（17ZDA307）的系列成果之一。该项目包括两项重要内容，一是对外汉语教学语法大纲的重新研制，二是教学参考语法书系的编写和出版。这两项内容的结合，旨在充分吸收本体研究的已有成果，聚焦目前语法教学中存在的问题，为面向第二语言学习者的汉语语法教学提供保障。

作为该项目的重要组成部分，教学参考语法书系以"一点一书"的形式呈现，即一个知识点编写一本书，力求为所涉及的知识点教学提供全面的参考和指导。本书聚焦"介词和介词框架"这一知识点，旨在为一线汉语教师，尤其是新手教师和海外教师的介词教学提供参考。

介词在古代汉语中已经存在，但最初得名却迟至1898年的《马氏文通》："凡虚字以联实字相关之义者，曰介字"（转引自马建忠1983：22）。1907年，章士钊在《中等国文典》中首次使用"介词"这一名称。直到1924年，黎锦熙才在《新著国语文法》中初步确立了现代汉语介词的分类体系。

汉语介词是一个相对封闭的类，数量有限，现代汉语中的介词只有100多个。虽然介词本身不能单独使用，但由其构成的介词短语使用频率却很高。介词语义和用法多样，因而是汉语教学的重点和学生学习的难点。据崔希亮（2005）统计，欧美学生的介词使用偏误率在13.97%~28.66%之间；而据陆庆和、林齐倩、陶家骏（2017）统计，第二语言学习者的介词使用偏误率远高于副词和

2　介　词

连词。这可能是教学大纲对介词的教学安排存在一些不合理之处导致的。下面是《高等学校外国留学生汉语教学大纲（长期进修）》[①]（以下简称《教学大纲》）中有关介词的部分：

初等阶段语法项目（一）

表时间、空间：在　从　离　向　往　（比较："从"和"离"）

表对象：对　比　给

表伴随：跟

表目的、原因：为　为了

表施事、受事：把　被　让　叫

表排除和加合：除了

介词短语，如：在北京　从外国

初等阶段语法项目（二）

表时间和空间：顺着　沿着　自从　朝

表示对象：对于　关于　替　向

表示伴随：与

表示依据：按照　趁　根据　照

表示原因：由于

表示施事：由

表示手段：通过　经过

中等阶段语法项目

打　当　将　同　据　凭　随着　依据　依照　应　于　自　以

高等阶段语法项目

本着　赶　鉴于　就

《教学大纲》中包含的介词虽较为全面，但存在很多值得改进之处。第一，教学任务过重。例如，在初级阶段学习表施事或受事的"把、被、让、叫"，在中级阶段学习多义介词"于"的全部义项。第二，中高级阶段的语法项目并未列

[①] 国家对外汉语教学领导小组办公室（2002）《高等学校外国留学生汉语教学大纲（长期进修）》，北京：北京语言文化大学出版社。

出介词的具体义项。第三，整个语法项目的安排并未充分体现出对介词辨析的重视。《教学大纲》仅列出了一组介词辨析，即"从"和"离"的比较，对其他大量易混淆的介词未加以关注。这些都可能是第二语言学习者介词使用偏误率较高的原因。总之，从《教学大纲》对介词语法项目的安排可以看出，目前在第二语言教学中，我们对介词的教学还有很多可以改进之处。

作为第二语言教学的基础，语法学界对介词的理论探讨也存在许多问题，例如在介词的范围和界限、介词的语义和用法等基本问题上依然存在许多争议。我们编写本书，就是为了在借鉴本体研究成果的基础上，从汉语作为第二语言教学的视角出发，对介词的相关问题进行解释和说明，真正做到助力教学。

二、介词研究及存在的问题

我们主要从介词的本体研究、习得与教学研究两方面对介词的研究概况和存在的问题进行简要的梳理。

（一）介词的本体研究

20世纪80年代以来，介词研究有了大发展。宏观上，学者们讨论了介词体系的构建（金昌吉，1996；傅雨贤、周小兵、李炜等，1997；陈昌来，2002）、介词框架的系统问题（陈昌来，2002；刘丹青，2003；陈昌来，2014；王世群，2016）；中观上，学者们开始关注介词的发展和语法化问题（张赪，2002；李德鹏，2011；张谊生，2016；张成进，2020）、介词及其结构的特点（林忠，2013）；微观上，学者们对介词进行了个案探究（王振来，2013；陈昌来，2014；石微，2016；方清明，2017）等。以上仅列举了部分有代表性的专著，更有上百篇期刊和硕博士学位论文，其中很多对介词的研究还依附于一些相关句式，如"把"字句等。从这些成果可以看出，介词是现代汉语语法研究的一个热点话题，并持续受到学界的关注。然而，值得注意的是，一些基本问题仍存在争议，这可能是介词教学成为难点的原因之一。

1.介词的家族成员

目前，各家对于介词的家族成员问题仍未达成一致意见。根据姚红（2006）

的统计，《现代汉语八百词（增订本）》①共收介词63个，《现代汉语虚词例释》②共收介词91个，侯学超编的《现代汉语虚词词典》③共收介词112个，张斌主编的《现代汉语虚词词典》④共收介词73个，四家都认可的介词仅"按、按照、把、被、本、本着、比、朝、趁、除、从、打、对、对于、赶、给、跟、关于、管、和、叫、就、据、连、临、拿、凭、让、顺、替、同、往、为、向、以、因、由、于、与、在、照、自、自从"43个。21世纪以来，对词类或介词问题进行过系统研究的专家对这一问题仍意见不一，郭锐（2002）认为介词有95个，陈昌来（2002）认为介词的总数在150个左右，吴春相（2013）认为介词的数量有100多个。这一问题还牵涉到介词的语法化。由于语言的发展变化，一些介词还处在形成过程中。

2. 介词的分类标准

目前，词类基本上是按照功能或以功能为主，兼顾意义的标准划分的。但是，对介词小类的划分，各家却遵循着不同的标准。有根据句法功能划分的，如金昌吉（1996）、张谊生（2000）等。张谊生（2000）根据介词短语的功能将介词分为"把、被"类、"从"类、"照按、依据"类、"沿"类、"向、往"类、"于、以"类、"跟、和"类、"关于、至于"类、"为、对"类、"在"类等10小类。这样的分类与词汇大类的分类标准一致，但有些小类的内部成员之间联系并不密切，如"于、以"类、"为、对"类，它们并不适合放在一起进行教学。金立鑫（2008）采用严格的逻辑二分法，将介词分为时空介词和事件介词两大类，下又二分为更多小类，详见第1问。这样的分类做到了类别上的互斥，具有很强的科学性，但同样不适用于教学。大部分学者是根据语义进行的分类，如傅雨贤、周小兵、李炜等（1997）、陈昌来（2002），将介词分为时空介词、施事介词、工具介词、对象介词等。这样分类依据的是其后宾语所表示的语义，很好地做到了语言形式与意义的结合，最有益于教学；但问题是各家所分的类别

---

① 吕叔湘主编（1999）《现代汉语八百词(增订本)》，北京：商务印书馆。
② 北京大学中文系1955、1957级语言班（1982）《现代汉语虚词例释》，北京：商务印书馆。
③ 侯学超（1998）《现代汉语虚词词典》，北京：北京大学出版社。
④ 张斌主编（2001）《现代汉语虚词词典》，北京：商务印书馆。

不一，每类的定义不明晰，导致一些具体词在义项上出现了跨类现象。

3. "前置介词+后置词"类结构

现代汉语中存在像"在……上、对……来说"这样的一类结构，它由一个前置的介词和一个后置词构成，功能上相当于一个介词。陈昌来（2002）称之为"介词框架"，刘丹青（2003）称之为"框式介词"。两位学者对这类结构的研究视角不同：刘丹青的研究严格遵循语言类型学的标准，认为介词是上位概念，之下分为前置词、后置词、框式介词等；而陈昌来对介词框架的研究则更关注其体现的汉语特点，他所划分出的"当……时候、从……到……"这类介词框架就不符合刘丹青对"框式介词"的定义。

目前介词研究成果丰硕，但由于语言和语言学研究的发展，学界对以上三个基本问题并未形成一个普遍接受的结论，讨论仍在继续，这将直接影响到介词的第二语言教学。关于介词的家族成员问题，我们严格根据介词的定义，选取收入《国际中文教育中文水平等级标准》[①]（2021）和《教学大纲》中的具有典型介引功能的成员进行教学。对非典型成员，如"等、到"，我们不将其视为介词处理。关于介词的分类标准，本书的做法是在吸取各家分类成果的基础上，根据教学对象和教学目的进行适当调整。例如，学界对于"对象类成分"的定义尚未达成共识，导致对象类介词数量多、功能杂、异质性强，"对待、与事、原因、处置、被动、比较、伴随"中都可以包含"对象"。本书则在介绍对象类介词时，将其根据用法和意义区分为"对待类"和"与事类"两个次类。"对待类"强调主语和介词宾语的主从关系，"与事类"强调主语和介词宾语的平等关系。对于"前置介词+后置词"类结构，我们更关注的是这类结构整体上的功能一致性，因而在分类标准上更认同陈昌来（2002）的分类理念，即采用更为宽泛的标准，使用术语"介词框架"。

（二）介词的习得与教学研究

在习得方面，学界对介词的偏误、习得难度与习得顺序等问题进行了全面的

[①] 教育部中外语言交流合作中心（2021）《国际中文教育中文水平等级标准》，北京：北京语言大学出版社。

讨论。在教学方面，有关介词教学的论著也十分丰富。

1. 介词的偏误分析研究

介词习得研究的主要内容是对学习者的偏误进行考察，如崔希亮（2005）、张艳华（2005）、崔立斌（2006）、施文志（2008）、周文华（2011）、王鸿滨（2017）、焉德才（2018）、韩松涛（2019）等。这些研究既有对学习者偏误的总体考察，也有分国别（语种）的偏误分析。总体来看，第二语言学习者的介词偏误主要集中在三个方面：第一，在语言结构上，包括介词框架位置不当、介词框架使用错误等；第二，在使用上，包括介词冗余、介词混用、回避使用或过度使用某一介词等；第三，在表达上，包括介词搭配错误、语义模糊等。其原因主要包括以下几点：一是学习者受母语语法系统的影响，将母语语法规则错误地迁移到汉语中；二是学习者对汉语介词的使用规则缺乏完整的了解，存在过度泛化的问题；三是学习者所使用的学习策略不当；四是教材和教师的教学存在误导。

2. 介词的习得难度与习得顺序研究

与偏误分析相比，这类研究数量较少，主要包括赵葵欣（2000）、周文华（2011）以及一些学位论文。这些研究对不同水平学习者某一类或某几类介词的习得难度进行了考察，如周文华（2011）对时间介词、空间介词、对象介词、依据介词、缘由介词的习得难度进行了细致考察，并给出了分级排序与教学的建议。赵葵欣（2000）认为，初级阶段学习者学习和使用的14个介词不是同时出现的，而是有一个逐渐发展的过程；介词在初级阶段的发展不主要体现为介词总量的增加，而主要体现在介词内部搭配的扩充上；时空、范围、施受类介词使用频率高，这三类语义范畴应是汉语介词最基本的三个语义范畴。

3. 介词习得的个案研究

大量已有的介词习得研究关注的是某个或某几个介词，包括对介词"在"的习得研究，如丁安琪和沈兰（2001）、李金静（2005）、林齐倩（2006）、刘瑜（2007）、刘香君（2010）、吴继峰（2012）、周文华（2013）和高顺全（2017）等；对介词"对"的习得研究，如白荃和岑玉珍（2007）、林柱（2008）、周文华（2011）、黄露阳（2012）等；其他还有对介词"从、给、跟、比、由、向、往、离"等的习得研究。这些研究丰富了介词习得研究的内容，完善了介词习得研究的体系，为介词教学提供了很好的指导与借鉴。

4.介词的教学与对比

面向第二语言学习者的介词教学主要是在综合课中完成的，除了要讲清楚每个介词的用法外，还应对学习者容易产生混淆的每组介词进行对比，说明其相同点与差异，主要是差异。这些内容一般散见于已出版的教学语法书的个别章节中，如卢福波（1996）的《对外汉语教学实用语法》，刘月华、潘文娱、故韡（2001）的《实用现代汉语语法（增订本）》，彭小川、李守纪、王红（2004）的《对外汉语教学语法释疑201例》，齐沪扬（2005）的《对外汉语教学语法》，陆庆和、黄兴（2009）的《汉语水平步步高：介词、代词》，以及一些研究论文中。

总的来说，在理论上，已有的习得研究将类型学、语法化角度、认知语言学的"认知图式"等语言学理论运用到了介词研究中，并且在方法上借助了大规模语料库统计等实证方法，取得了较为可靠的研究成果；已有的教学研究对易混淆介词进行了细致的对比，并能够用第二语言学习者听得懂的语言将介词的基本用法和区别性特征表达出来，能够有效地帮助学习者。但是目前已取得的各类介词习得研究成果很不均衡，"把、被"等特殊介词的习得研究成果较多，而空间类、对象类介词的习得研究成果相对较少；有关偏误分析的研究也较为笼统，各研究框架趋同，未能体现出足够的针对性和解释力；介词的教学与对比研究多见于综合性语法书中，由于篇幅限制，也未能进行系统的用法介绍和全面的差异辨析，部分语法书还存在语言过难等情况。本书在充分吸收偏误分析成果的基础上，运用通俗的语言进行介词用法解说，并对学习者易混淆的介词进行相同点与差异的对比，进而给出一些有代表性的介词教学案例。

三、编写原则和内容安排

基于介词的特点，以及已有的本体研究、习得研究与教学研究所取得的成果与出现的问题，我们确定了本书的编写原则及内容安排。

（一）编写原则

1. 全面性

本书主要面向国际汉语教师以及有志于从事国际汉语教学的读者。考虑到大家专业基础的不同，在编写本书时，我们将国际汉语教师必备的现代汉语介词基本知识都纳入了进来，既包括现代汉语语言学知识，也包括学习者学习过程中常见的偏误及易混淆介词辨析，还包括一些常用介词的教学，做到了语言学知识、语言习得知识和教学知识的有机统一。这既能帮助汉语相关专业出身的新手教师进一步掌握汉语事实，夯实本体知识基础，预先知晓教学重点和难点，熟悉教学环节；又可以让非汉语专业出身的国际汉语教师完成介词教学所需的知识储备及教学技能储备。

2. 实用性

我们遵循读者友好的原则，将实用性作为写作的第一要务。本书的实用性体现在以下三个方面：

第一，选题。全书共79个问题，每一个问题都是作者根据已有研究和教学实践总结出来的重难点，都是教师和学生在教学和学习过程中最容易出现困惑的地方。我们希望教师在介词教学中遇见任何问题，都可以翻开本书找到答案。

第二，行文。本书在行文上力求清晰易懂，尽量避免出现艰深的专业术语；大部分问题都直接来自学习者的疑问，开门见山，直截了当；对概念、观点的解释尽量配以丰富的例句，用实例说话，帮助读者更好地理解。此外，在有关介词对比的问题中，我们一般以学习者的偏误句或练习导入，让读者带着问题阅读，在问题结尾处公布正确答案，并制作易混淆介词对比简表，帮助读者巩固知识。

第三，操作。对于没有经验的新手教师来说，理论知识的储备是必需的；但更为重要的是，如何将这些理论知识转化为教学实践。本书第69～79问设计了11个介词教学案例，采用了多种教学方法，直观地展示了介词教学的每一个步骤，可以让新手教师读后觉得心里有底，不再惧怕教学。

3.启发性

较之已有的介词教学类参考书,本书最大的改进之处在于提供了丰富的易混淆介词辨析案例与介词教学案例。在撰写易混淆介词辨析案例这部分时,我们力求按照统一的体例,从句法、语义、语用等角度对易混淆介词的相同点和不同点进行比较,希望通过这种方法帮助读者建立词汇对比范式。在教学实践方面,我们先介绍教学的一般原则与方法,再提供一些教学案例,向读者展示这些原则与方法的具体运用。我们希望读者在读后不仅了解介词的基本知识与教学方法,还能受到启发,举一反三,归纳出关于易混淆词辨析与词类教学的普适性原则和方法,并将其推广到其他语言要素的教学中去。

(二)内容安排

本书共包含79个问题,可分作三大部分:介词的语言学本体知识、介词的习得以及介词的教学。

"介词的语言学本体知识"部分共24个问题,这些问题可使读者对现代汉语介词的定义、构成、分类、功能、地位、使用特点以及相关结构有一个基本的了解,并在大脑中建立现代汉语介词的基本体系。

对第二语言学习者来说,习得介词的前提是了解每个介词的意义与用法,能够正确辨析易混淆介词,区别一些词形或意义相近但用法不同的介词。"介词的习得"部分共41个问题,这些问题梳理了教学中重点介词的用法,对易混淆介词、多义介词进行了比较,并分析了学习者的典型偏误,可以帮助读者了解介词教学的重点和难点,提升介词教学的效率。

"介词的教学"部分共14个问题,这些问题首先从宏观上介绍了介词的教学原则和方法,为读者搭建了介词教学的框架;之后通过教学案例的展示,将教学原则和方法具体化,进一步给读者以启迪。全书的具体知识框架见表0-1。

表0-1　《介词》所包含的知识框架简表

内容安排	具体部分	问题例示
介词的语言学本体知识（24个问题）	介词的基本概念	介词就是起"介绍"作用的词吗？ 什么是原因类介词？什么是目的类介词？
	介词及其短语的特点	介词的句法分布特征和句法作用是什么？ 什么是介词框架？
介词的习得（41个问题）	易混淆介词辨析	"照片发对我"还是"照片发给我"？ "在……中"和"在……里"一样吗？
	多义介词辨正	"对"究竟有几种意思？它们都是介词吗？ "在……的时候/时"只表示时间吗？
	学习者常见的介词偏误	"从"就是"from"吗？ 汉语作为第二语言学习者习得介词框架的常见偏误有哪些？
介词的教学（14个问题）	介词的教学理念与方法	介词的教学原则是什么？ 介词的教学方法有哪些？
	介词教学案例	怎么教介词"随着"？ 怎么教介词框架"除了……以外"？

本书中出现的例句多数来自作者自省及改编，还有一小部分来自前人文献和北京语言大学BCC语料库。来自前人文献和语料库的，我们皆在句末注明了出处。

第一部分　介词的基本概念

1. 介词就是起"介绍"作用的词吗?

一、介词的定义

请先看以下句子:
(1) 老师<u>从</u>包里取出纸巾擦着头上的汗。
(2) 我<u>被</u>他表扬了。
(3) 火车一路<u>向</u>北飞驰。
(4) <u>根据</u>我的理解,真理是永远不能被证实的。
(5) <u>作为</u>公司经理,<u>从</u>生产到销售,他样样都要抓。
(6) 您<u>对</u>去中国学习有什么看法吗?

在这几个句子中,画线词语都起到了联系和介绍句中成分的作用,都是介词。在早期的语法研究中,人们一般认为介词的功能就是给其他词类做介绍,如黎锦熙、刘世儒(1957)认为凡虚词,在单式句的主从结构中起介绍作用的,叫介词。后来有学者认为,这种说法过于宽泛和笼统,没有很好地体现出介词的特点。其实,其他一些虚词,像连词、助词等,也具有一定的联系和介绍作用。这样来看,起"介绍"作用的词不一定都是介词。"介词的功能就是给其他词类做介绍",这种说法缺乏明确的功能界定和意义界定,是不够严谨的。

那么,我们应该怎样定义介词呢?汉语缺乏严格意义上的形态变化,我们划分词类的时候,依据的是词的语法功能,观察的是词的语法分布,介词也不例外。根据语法功能来定义介词是一个比较稳妥的办法。从上述几个例句中我们可以归纳出介词的语法功能：介词不能单用，一般要放在名词［如例（1）］、代词［如例（2）］、方位词［如例（3）］或名词性短语［如例（4）］前，也可以用于动词［如例（5）］或动词性短语［如例（6）］前，和后置的宾语一起构成介词短语。因此，介词的主要语法功能是与其后的宾语一起构成介词短语。由于介词一般置于宾语前，因此介词也被称为"前置词"。介词短语通常不能充当谓语，一般置于谓语前充当状语、定语，或在谓语后充当补语等。

需要注意的是，在汉语中，介词是一个相对封闭的类，数量有限。虽然介词本身不能单独使用，但是由介词构成的介词短语使用频率却很高，而且用法多样，是对外汉语教学的重点。

二、介词的分类

不同的学者对介词有不同的分类方法，我们这里先介绍几种比较有代表性的。在接下来的第3～9问中，我们还会对介词的分类进行详细说明。

金昌吉（1996）提出介词的五项核心功能：第一，介词主要附着于名词、代词以及名词性短语之前，表示这些词语和句中其他成分之间的时间、关涉等关系；第二，介词不能单用；第三，介词短语不能单独做谓语；第四，介词所附着的词语不能外移或省略；第五，两个介词不能共同附着于同一个词语。具有这五项核心功能的词被称为"中心介词"，是现代汉语中的典型介词，包括"把""被""将""自"等。其他的被称为"一般介词"，一般介词也具有核心功能，只是在上述五项核心功能中的某一点上稍有不同。例如，"为（wèi）"满足五项核心功能中的四项，即可以附着于名词，不能单用，所附着的词语不能外移或省略，也不能和其他介词共同附着于同一个词语。但是，它构成的介词短语在并列的对立结构中可以充当谓语，如"人人为我，我为人人"。这与中心介词的核心功能"介词短语不能单独做谓语"不同，因此"为（wèi）"是一个一般介词。此外，金昌吉（1996）还提出可以根据介词的音节数量、句法功能等标准进行分类。

张谊生（2000）根据介词短语的功能对介词进行了分类。介词短语的主要语法功能是充当状语、定语、补语和句首修饰语（小句状语），按此标准可以将介词分为四大类；另外，有些介词短语也可以充当主语和宾语。按照这些功能细分，他将介词分为10小类，见表1-1。

表1-1 张谊生（2000：88）对介词的分类

类别	状语	句首语	补语	定语	主语	宾语
1. "把""被"类	+	−	−	−	−	−
2. "从"类	+	+	−	−	+	−
3. "照按""依据"类	+	+	−	−	−	+
4. "沿"类	+	+	−	+	+	−
5. "向""往"类	+	−	+	+	−	+
6. "于""以"类	+	−	+	−	−	−
7. "跟""和"类	+	−	−	+	−	−
8. "关于""至于"类	−	+	−	+	−	−
9. "为""对"类	+	+	−	+	−	+
10. "在"类	+	+	+	+	+	+

陈昌来（2002）认为，介词的语法意义是由介词在句中的功能决定的，而介词的功能决定于其介引的对象在句子结构中的功能。所以，划分介词类别应该着眼于介词所介引对象的功能和地位。介词所介引的对象或可能介引的对象都是跟动词相关的语义成分，它们与动词搭配共同构成句子的语义结构和句法结构。

与动词相关的语义成分可以分为两大类：一是必有成分，包括表示动作、活动、变化、性质、状态、关系等主体的主事，表示动作所联系的客体的客事，表示与主事一起参与动作或状态的与事；二是可有成分，即动词中心结构中的外围成分，包括表示动作行为的发生或进行所凭借的某种工具、材料、方式、依据的凭事，表示动作发生或进行的时间、处所等时空环境的境事，表示事件原因或目的的因事，表示动作所关涉的对象、范围、方面、条件等的关事，用作跟主事比较异同、高下的参照或基准的比事，等等。因此，陈昌来（2002）按介词介引或可能介引的语义成分系统，将现代汉语介词分为主事介词、客事介词、与事介词、凭事介词、境事介词、因事介词、关事介词、比事介词等8类。

金立鑫（2008）严格采用二分法对现代汉语介词进行了分类。他首先将介词分为时空介词和事件介词，其次将事件介词分为表达与事件有关和与事件无关的两类。表达与事件有关的介词又根据构成事件的类型分为动力和参与者两大类。在参与者中又根据生命性分为有生命、无生命两类，有生命介词再分为主动、非主动两类。非主动介词之下又分为受事和伴事，伴事之下再分为有向和无向。具体见图1-1所示。

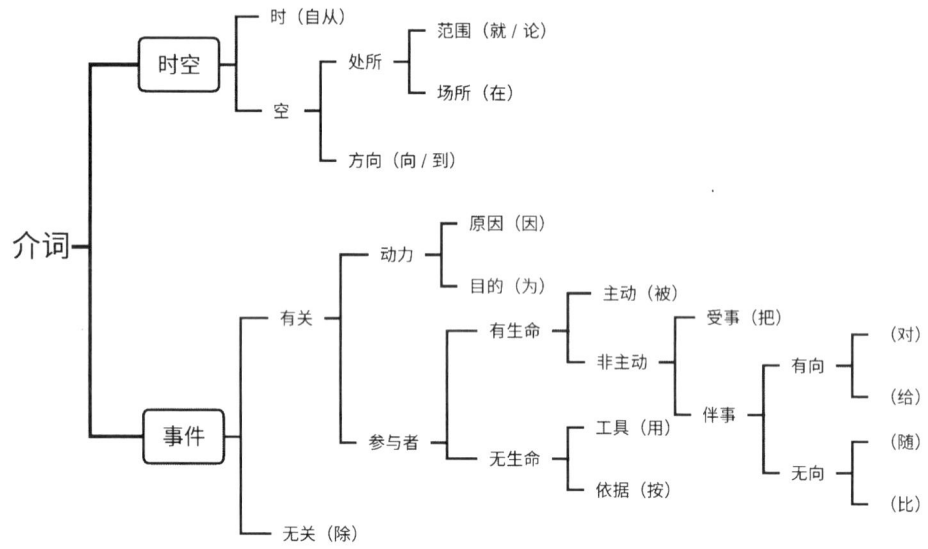

图1-1　金立鑫（2008：26）对介词的分类

上述各家的分类既有根据语法功能的，也有根据语义功能的，各具特色；有的描写细致，有的互不包含，逻辑清晰，各类之间互不交叉。但这些分类更适用于母语者学习和学术研究，对汉语学习者来说较为复杂。

就汉语作为第二语言教学而言，我们通常采用的是介词的语义分类。更准确地说，是根据介词与其介引宾语的语义关系分出的类。对此，各家的分类也各有不同。在本书中，我们在已有分类的基础上，结合汉语作为第二语言教学的实际，将介词分为时间类介词、处所类介词、方向类介词、工具类介词、依据类介词、对象类介词、范围类介词、原因类介词、目的类介词、处置类介词、被动类介词和其他等12类。当然，有些介词兼有多种语义功能。从第3问开始，我们将对这12类介词一一进行介绍。

2. 介词是从哪里来的？是怎么来的？

说到介词的来源，我们要从古代汉语的发展谈起。古代汉语缺乏形态标志，是典型的孤立语，存在大量虚词作为表达语义关系的标记。介词作为一种重要的虚词，很早就存在了。我们在甲骨文中就可以看到一些介词，例如"于""才""以"等。现代汉语中的介词与古代汉语中的介词虽然不尽相同，但从古到今，介词的发展与演变是有一定规律和特点的。汉语介词的发展与演变有以下特点：

第一，从古至今，汉语常用介词的句法、语义、用法特点是一脉相承的。古代汉语中常用的介词，如"于""以""由""自""从"等，大都保留在了现代汉语中。例如，"于"在古代汉语中有三种基本的用法：介引时间地点、介引比较对象、介引施事。请看以下例句：

（1）自我不见，于今三年。（《诗经·豳风·东山》）——自从我们不相见，到现在已经三年了。

（2）青，取之于蓝，而青于蓝。（《荀子·劝学》）——青颜色是从蓝草里提取出来的，但是比蓝草还青。

（3）夏伤于暑，秋为痎疟。（《黄帝内经·素问》）——夏天被暑邪侵袭，到秋天就成为疟疾。

这三种用法在现代汉语中都还有保留。

第二，现代汉语中的大部分介词主要是通过古代汉语中的动词虚化发展而来的。虚化过程并不是一蹴而就的，而是经历了漫长的时间。一些词已经完成了虚化，彻底成了介词，如"于""与""从"等；一些还在这一过程中，动词用法和介词用法不断竞争，处于中间状态，兼有两种用法。例如：

（4）他把着大门。

（5）把番茄切成片放入锅中。

例（4）中的"把"是动词，表示"守卫"的意思，与手部动作有一定的关系；例（5）中的"把"是介词，虽然"放入锅中"也跟手有关，但这里的"把"已经没有实际的动作意义了。像这样的还有"在""用""向""朝"等，它们既有动词的用法，也有介词的用法，是兼类词。

第三，随着汉语的发展，介词的数量在不断增加。据向熹（1993）对古代汉语的统计，甲骨文中的介词只有"自""从""在""于""乎""以""及"等几个，《左传》中的介词数量增加到20多个，《史记》中达到50个以上，而现代汉语中已经有100个左右了。

第四，介词在音节上逐步从单音化向双音化发展。双音节介词形成的方式主要有同义并列，如介词"因"和"为"并列形成"因为"；动词加体标记，如"顺着""沿着"；动词加介词虚化，如"关于"。

第五，介词的分布位置和用法发生变化。古代汉语中的一些介词只能出现在动词之后，不能出现在动词之前，如"于""诸"等。在现代汉语中，介词基本上都出现在动词之前，只有部分介词可以出现在动词之后，这是古代汉语的遗留，而且这些介词有很多经过语法化与前面的动词结合成了新的词语，如"加以""至于"等。

第六，随着数量的增加，介词在功能上也越来越丰富，并使句子的句法和语义结构更加复杂、精细。介词短语可以充当状语、补语、定语、宾语甚至是主语，详见第10问。除此之外，随着方位词、助词的发展，汉语中出现了很多介词框架，这使得汉语表达更加多样化，句子结构更加严谨，详见第21、22问。

3. 什么是时间类介词？

时间类介词是介词中最基本的一类，表示跟动作或事件相关的时间。例如：

（1）银行从9点到11点开门。

（2）达·芬奇生于1452年。

在例（1）中，介词"从"介引银行开门的时间；在例（2）中，介词"于"处于动词"生"的后边，介引达·芬奇出生的时间。二者都是时间类介词。现代汉语中的时间类介词究竟有哪些，学界还有很大争议。刘月华、潘文娱、故铧（2001）列举的时间类介词有"从""自""自从""由""打""在""当""于"等8个，数量不多，但都是日常交际中使用的典型介词。陈昌来（2002）认为，从在语义结构中的功能来看，时间分为时段和时点两种。时间类介词也可以分为时段介词和时点介词。时段介词有"当""在"两个，时点介词包括"从""从打""打""打从""待""待到""当""当着""到""等到""等""赶""赶到""及""及至""距""距离""离""临""临到""起""俟""由""于""在""正当""至""自""自从""自打"等30个，这一分类相当全面。周文华（2011）根据汉语作为第二语言教学的需要，综合前人研究、大纲设置以及语料考察，列出了9个较为常用的时间类介词，具体包括"当""在""从""于""自""自从""打""临""趁"。前三个最为常用，占介词总使用量的90%以上。本问主要介绍"从""自""自从""打""由""在""于""当""临""趁"这10个时间类介词的用法。

一、表示动作开始的时间类介词

表示动作开始的时间类介词主要有"从""自""自从""打""由"5个。

1. 从

"从"在现代汉语中十分常用，它最基本的用法就是表示起点，这里指的是时间的起点。例如：

（3）从早上六点，他就出门了，一直到太阳落山才回到家。

除了表示时间的起点外，它还可以表示空间、状态的起点，经由，依据，凭借，来源，等等。

除单用外,"从"还常常用在一些介词框架中,表示时间的起点,如"从……开始""从……起""从……以来/以后"等等。

(4) 从2004年开始,外国人开始大量进入我们公司。

(5) 我从18岁起,就一个人生活了。

(6) 从2015年10月以后,我就再也没去过上海了。

(7) 从10月以来,房价就不断地上涨。

2. 自

"自"的基本用法与"从"类似,也是表示时间的起点,常常用在介词框架"自……开始""自……起""自……以来""自……之后"等中。例如:

(8) 自2018年注册,我这四年在淘宝花了两万多元。

(9) 自2012年开始,我们学校实行一年三学期的制度。

(10) 新规定自2021年10月1日起施行。

(11) 公司自1998年底成立以来,发展非常迅速。

(12) 自我20年前离开北京之后,我们就再也没有见过面了。

此外,"自"所构成的介词短语还可以附着在动词之后,构成"源自……"等固定结构。

3. 自从

"自从"的用法也类似,它只能表示时间或事件的起点,也常用在介词框架"自从……开始""自从……起""自从……以来""自从……以后"等中。例如:

(13) 这些医生自从15日凌晨到达灾区就开始工作,已经一天一夜没合眼了。

(14) 自从11月30日开始,股市在短短的20多天里下跌了20%。

(15) 好莱坞电影《泰坦尼克号》自从4月3日上映以来,吸引了大量观众。

(16) 我自从2004年回国以后就再也没有去过广州。

4. 打

"打"作为介词,主要用来介引时间的起点,一般用于口语语体。与其类似的"自打",与"打"用法相近。"打""自打"也常常与"起""以来""以后"等构成介词框架。例如:

（17）我打一来起诉科就跟着文老师工作。

（18）自打2018年以来，他的身体状况就一直在走下坡路。

（19）打认识你以后，我的生活变得充实起来了。

5. 由

"由"也可以介引动作或状态开始的时间，但其书面语色彩非常浓厚。例如：

（20）他由昨天到现在，足足饿了12个小时。

（21）她同时做两份工作，由早上七时做到十一时。

二、表示动作发生的时间类介词

1. 在

介词"在"介引时间宾语表示动作或事件发生的时间时，在句中所处的位置十分灵活，既可以位于句首，也可以位于主语之后。例如：

（22）在20世纪90年代，拥有小汽车还是一件奢侈的事情。

（23）老板要求我们在半个月内完成这个任务。

有时，"在"所构成的介词短语也可以位于动词之后充当补语。例如：

（24）考试改在星期五了。

（25）事情发生在20世纪五六十年代。

2. 于

介词"于"介引动作发生的时间时，多位于主语之后，其他用法与"在"基本一致。例如：

（26）交响音乐会将于10月1日晚在学校音乐厅举行。

"于"所构成的介词短语也可以位于动词的后边。例如：

（27）毕加索出生于1881年，死于1973年。

（28）由张伟创作的小说《朋友》完成于2000年。

这种用法比较灵活，这两个句子也可以说成：

（27'）毕加索于1881年出生，于1973年去世。

（28'）由张伟创作的小说《朋友》于2000年完成。

"于"源于古代汉语，在上古汉语中就已经产生了时间类介词的用法（向熹，1993）。现代汉语中的"于"保留了它在古代汉语中的用法，所以在语体上比"在"显得更加正式一些。

三、表示事件同时发生/事件背景的时间类介词

表示事件同时发生/事件背景的时间类介词仅有"当"，它一般在句中与"的时候/时"构成介词框架"当……的时候/时"，其后再接一个小句，表示某一事件与另一事件几乎同时发生或某一事件是另一事件发生的时间背景。例如：

（29）当父亲离开家的时候，孩子们还都在梦乡。
（30）当一个人失去理智时，他很容易做出错误的判断。

四、表示动作将要发生的时间类介词

"临"作为介词，介引宾语主要用来表示时间上将要发生某事，宾语一般为动词；也常出现在介词框架"临……时""临……前"中。例如：

（31）小儿临睡不要吃糖果。
（32）临考试时，我肚子开始疼了。
（33）王凯临走前一再嘱咐我们好好儿保重身体。

五、表示利用时间的时间类介词

介词"趁"介引含有时间意义的宾语，表示利用时间做某事。例如：

（34）趁12点前跟各位说声元旦快乐！
（35）刘老师趁上课前的短暂时间，给办公室的花草浇了水。
（36）趁上厕所的工夫，我把今天要做的事情在脑子里过了一遍。

"趁"所介引的宾语中常常含有表示时间的词语，如"时间""工夫"等。一般来说，"趁"也可以说成"趁着"，上面三例中的"趁"都可以替换为"趁

着"。再如：

（37）他趁着假期，拼命地阅读研究希腊的书籍。

4. 什么是处所类介词？什么是方向类介词？

处所类介词介引跟动作行为相关的地点，用来说明动作行为发生的处所。例如：

（1）请在盒子里找出两个小球。
（2）鲁迅生于浙江绍兴。

从认知的角度看，人们在生活中会参照具体有形的概念来认识抽象无形的概念，因此常常会利用具体的空间概念表达抽象的时间概念，也就是说，空间与时间之间具有很强的隐喻关系。介引处所表达的是一种空间关系，上一问中讨论过的介引时间的介词有的也可以介引处所，而且这是一种更为基本的用法。

有些处所类介词介引的处所与动作的方向有关：有的表示的是动作终点的方向，如"朝邮局走去"；有的表示的是动作起点的方向，如"从这边开始排队"；还有的表示的是动作行进的方向，如"沿着小路走"。我们在本问中将这些介词单独归为一类，即方向类介词。

以往的研究将这两类介词统称为"空间介词"。参考刘月华、潘文娱、故韡（2001），陈昌来（2002），以及周文华（2011）的研究成果，我们将对2个介引处所宾语的介词（以下简称"处所类介词"）——"在""于"以及9个介引方向宾语的介词（以下简称"方向类介词"）——"向""朝""往""从""自""由""打""顺""沿"加以介绍。

一、处所类介词

1. 在

介词"在"介引处所宾语可以表示动作发生的处所或事物存在的处所，既可以是具体的处所，也可以是抽象的处所。例如：

（3）老师在黑板上写生词，我们在本子上跟着写。

（4）小龙在老师办公室请假呢。

（5）一幅幅生动的画面出现在我的脑海中。

表示"居住""出生"等意义时，"在"构成的介词短语既可以位于动词前充当状语，也可以位于动词后充当补语。例如：

（6）我们家从90年代到现在一直在这里住。

（6'）我们家从90年代到现在一直住在这里。

而表示"动作的终点"这一意义时，"在"构成的介词短语一般位于动词后充当补语。例如：

（7）小猴子跳在马背上。

（8）我没留神，一脚踩在她的新鞋上。

2. 于

介词"于"介引处所时，其用法多数情况下与介引时间的用法一致。例如：

（9）李玉玲女士祖籍山东，生长于北京。

（10）爷爷1954年毕业于东北师范大学俄语系。

此时，"于"之前的动词多为"出生""毕业""置身""坐落"等。与介引时间的用法不同的是，介引处所的"于"所构成的介词短语一般只位于动词后边。仅在少数情况下，"于"所构成的介词短语可以位于动词之前。例如：

（11）本公司于北京成立。

（12）您的信件已于我公司发出。

二、方向类介词

表方向的9个介词"向""朝""往""从""自""由""打""顺""沿"根据语义可以再细分为三小类：表示终点和终点方向的、表示起点和起点方向的、表示行进路线和方向的。

1. 表示终点和终点方向的

a. 向

介词"向"介引方向宾语、处所宾语、对象宾语，表示方向、目标或终点。

例如：

（13）中国的几条大河都向东流。（介引方向）

（14）他急急忙忙地向教室走去。（介引处所）

（15）孩子们兴高采烈地向妈妈跑来。（介引对象）

由"向"构成的介词短语一般位于动词前充当状语，有时也可以位于动词后充当补语。例如：

（16）这条新修的地铁通向体育中心。

（17）让我们再接再厉，奔向美好的明天。

b. 朝

介词"朝"的用法与"向"类似，也可以介引方向宾语、处所宾语、对象宾语，表示方向、目标或终点；但"朝"构成的介词短语一般位于动词前充当状语，不能位于动词后充当补语。例如：

（18）汽车导航仪提示我们一直朝西开。（介引方向）

（19）大家汗流浃背地朝山顶爬。（介引处所）

（20）同学们朝老师走来。（介引对象）

c. 往

介词"往"也可以介引方向宾语或处所宾语。"往"构成的介词短语除了可以位于动词前充当状语，还可以位于动词后充当补语，这一点与"朝"不同而与"向"相同。例如：

（21）请大家往前看，前方就是著名的鼓楼了。（介引方向）

（22）我抓起书包就往教室跑。（介引处所）

（23）本次列车开往北京。

2. 表示起点和起点方向的

a. 从

"从"可以介引处所，表示空间的起点。例如：

（24）从这里到机场，坐地铁只要20分钟。

（25）阿拉伯人从右边开始写字。

"从"还可以用在介词框架中表示空间的起点，如"从……起""从……开始""从……到……"等。例如：

（26）请<u>从</u>第一页<u>开始</u>检查你的作业。

（27）<u>从</u>这里<u>开始</u>，我们就算进入景区了。

b. 自

"自"的基本用法与"从"类似，也表示空间的起点。"自"所构成的介词短语还可以附着在动词之后，构成"产自……""出自……"等固定结构。例如：

（28）秘书踩着轻盈的步伐，<u>自</u>会议室回到办公室。

（29）端砚<u>产自</u>广东肇庆的端州区。

c. 由

"由"也可以介引宾语表示起点和起点方向，其使用场合一般较为正式。例如：

（30）<u>由</u>这条路去超市近多了。

（31）请乘客<u>由</u>前门上车。

d. 打

"打"作为表示空间起点的介词，使用频率相对较低，且口语色彩十分鲜明。例如：

（32）<u>打</u>南边来了个卡卡，<u>打</u>东边来了个凯塔，卡卡爱跳桑巴，凯塔爱说笑话。

3. 表示行进路线和方向的

a. 顺

介词"顺"介引宾语可以表示动作经过的路线，也可以说成"顺着"。"顺"倾向于介引单音词，而"顺着"倾向于介引多音节词或短语。例如：

（33）<u>顺</u>眼望去，是一片巨大的现代化建筑群。

（34）汗水<u>顺着</u>他的脸颊流淌下来。

b. 沿

介词"沿"介引宾语可以表示动作进行所依照的路线、方向等，此时"沿"也可以说成"沿着"。例如：

（35）沿这条路一直走到头就是历史博物馆。

（36）沿着长江顺流而下，我们将到达旅程的最后一站。

5. 什么是工具类介词？什么是依据类介词？

介引工具宾语的介词简称"工具类介词"，该类介词的宾语一般表示动作、行为凭借的工具、手段等。例如：

（1）你得拿比较锋利的刀切肉。

（2）这道题要用函数进行计算。

例（1）中介词"拿"的宾语"比较锋利的刀"是一种工具，而例（2）中介词"用"的宾语"函数"是抽象的工具，即方法、手段。

介引依据宾语的介词简称"依据类介词"，这类介词的宾语一般是抽象的依据、方法等，比工具类介词的宾语更为主观。例如：

（3）照老师说的做，你一定会成功。

（4）据我所知，这个地区的人口不到10万。

以往的研究将这两类介词统称为"依据类介词"，但二者所接宾语相差较大，多半不能互换，本书将二者分类讨论。参考刘月华、潘文娱、故铧（2001），陈昌来（2002），以及周文华（2011）的研究成果，我们将对3个工具类介词——"用""拿""以"以及12个依据类介词——"按""照""按照""根据""据""依""依照""依据""凭""从""由""于"加以介绍。

一、工具类介词

1. 用

介词"用"是最为典型的工具类介词，用以介引动作所使用的工具。例如：

（5）古代中国人用毛笔写字。

（6）有了智能门锁，人们可以不再用钥匙开门了。

2. 拿

"拿"可以介引表示工具、材料、方法等的宾语，用法与"用"类似，常常出现在"拿……来看""拿……来说"等介词框架中。例如：

（7）这种蛋糕虽然是拿高筋面粉制作而成的，但也特别松软。

（8）拿GDP年增长率来看，中国独领风骚。

3. 以

介词"以"介引表示凭借工具的宾语时，其意义和用法同"用""拿"，"以"构成的介词短语一般位于动词之前充当状语。与"用"和"拿"不同的是，"以"构成的介词短语也可以位于动词之后充当补语。例如：

（9）中国以小小的乒乓球开创了中美关系的新时代。

（10）对他的帮助，孩子们赠以鲜花和礼品。

二、依据类介词

1. 按、照、按照

"按""照""按照"作为表示根据的依据类介词，常常可以互换。例如：

（11）a. 按习俗，除夕家里家外不但要打扫得干干净净，还要贴门神、贴春联、贴年画。

b. 照习俗，除夕家里家外不但要打扫得干干净净，还要贴门神、贴春联、贴年画。

c. 按照习俗，除夕家里家外不但要打扫得干干净净，还要贴门神、贴春联、贴年画。

介词"按"和"按照"常常与"规定""要求""计划""惯例"等宾语构成惯用搭配。例如：

（12）按照合同规定，你可以向对方索取一部分赔偿费。

（13）按法律规定，这起事故由对方负全责。

（14）我这儿有张60万元的支票，你只需按/按照要求签个名就能领走。

（15）一切都在按/按照计划进行。

（16）服务生走过来，按/按照惯例把水杯和食谱放在桌上。

这三个介词也和其他词语构成了一些介词框架和习语。例如"按 / 照……说""按理说",表示依照某种来源说,这种来源可以是事实、情理或某一方的说法。例如:

(17)按他的年纪说,他的孩子都可能已经成年了。

(18)照你所说,她们姐妹情深,她似乎不可能这么做。

(19)按理说,周末应该会有很多人。

再如"按照 / 照……看 / 来看",表示得出某观点所依据的条件。例如:

(20)按照传统的观念来看,这种做法是不被接受的。

(21)照我看,一个家庭美满与否,根本不在于你找个什么职业和职位的人。

2. 根据

"根据"介引的宾语通常表示依据的标准、情况等,其后续句表示由这一标准、情况作为事实基础或前提条件推理得到的结果。例如:

(22)根据你来信所述情况,李某应赔偿许某医疗费、误工工资共计3000元。

(23)根据美国人自己的一项调查,70%的投资者对中国充满信心。

"根据"构成的介词短语可位于句首,也可位于句中。例如:

(24)根据个人兴趣,学生选择指导教师提供的课题方案。

(25)我们会根据不同情况采取不同措施。

"根据"所介引的宾语通常是"法律""要求""规定""情况""调查""计划""理论""安排""需要"等。

3. 据

"据"的意义同"根据",但"据"所构成的介词短语一般位于句首。例如:

(26)据专家预测,西湖地下天然气总资源量约在1万亿至2万亿立方米。

(27)据最新调查,生活越来越困难的人占了总人数的5%。

"据"后面可以直接加动词构成"据说""据了解""据报道""据统计"等固定结构,以及"据 + 人称代词 / 指人名词 + 说""据 + 媒体名称 + 了解 / 报道"等固定结构。例如:

（28）据了解，庆祝活动将一直持续到2001年。

（29）据《纽约时报》报道，1977年，联邦政府的全部文职员工是198.7万人。

4. 依、依照、依据

类似的依据类介词还有"依""依照""依据"，表示根据一定的标准、条件等。例如：

（30）这件事情就依经理的思路去办。

（31）依照法律，王小红被判处两年有期徒刑。

（32）这里的人的时间概念是依据季节的更替。

"依照""依据"都比较正式，常用于书面语；"依"可以用于口语，常构成"依我看""依我说"等固定结构。例如：

（33）依我看，孩子找对象这事急不得。

（34）依我说，经济发展最终还得看内需。

5. 凭、从、由、于

"凭""从""由""于"这四个介词也可以介引依据类宾语。"凭"一般表示依靠，也可说成"凭着"。例如：

（35）我凭直觉确信，这便是阳关了。

（36）你是一个感性的人，容易凭直觉做事。

（37）他凭着1米92的身高，很快在亚洲足坛一鸣惊人。

"从"介引的宾语一般表示事情的依据、来源等。例如：

（38）从他的日记里，我们可以知道他求知的急切。

（39）从王老师那里，我们得知了他的近况。

这种用法更多地出现在介词框架中，如"从……中／上／里""从……看""从……了解／获悉"等。例如：

（40）我们从上次的失败中吸取了很多教训。

（41）农村孩子只能从电视里了解外面的世界。

（42）从报名的情况看，今年的考试人数比往年都多。

（43）记者从省旅游局获悉，1～7月，全省接待入境旅游者155.9万人次。

当"由"介引宾语表示依据时,"由"常出现在介词框架"由……来看"中。例如:

（44）<u>由</u>他们双方舍命相救的情形<u>来看</u>,两人相爱已再明显不过。

（45）<u>由</u>他头发上的雪花<u>来看</u>,他已站了好一会儿了。

"于"介引的宾语可以表示事物、现象的来源,这是表示时间、空间起点这一用法的引申。"于"所构成的介词短语一般位于动词"源""产生"等的后边。例如:

（46）生命的意义<u>源于</u>"爱"的存在。

（47）城市<u>产生于</u>"市"的发展,即商品交换的发展。

6. 什么是对象类介词？什么是范围类介词？

介引对象宾语的介词简称为"对象类介词"。目前学界对于"对象成分"的定义并未取得一致意见,这导致在现代汉语介词中,对象类介词数量最多,功能最复杂,内涵也最不统一,毕竟大部分指人的成分都可以视为"对象"。陈昌来（2002）认为,对象成分是主事动作行为或心理活动针对、替代、协同或涉及的对象。

在讨论对象类介词时,前人多将"对""向""跟""给"等介词视为典型介词。本书在介绍对象类介词的基本用法时,选择了各家公认的介词,将对象类介词根据用法和意义区分为"对待类"和"与事类"两个次类。"对待类"强调主语和介词宾语的主从关系,"与事类"强调主语和介词宾语的平等关系。

介引范围宾语的介词简称为"范围类介词"。与"对象"类似,"范围"也是较为抽象的概念。"对象""时间""处所""程度"等概念都具有范围义。正是这一原因,前人通常把对象类介词和范围类介词放在一起讨论,统称为"范围类介词",但实际上二者差异较大。范围类介词的宾语可以是范围涉及的内容,如"对""关于";也可以是排除的内容,如"除了"。因此,邢福义（2016）认为,范围类介词与涉及的方面或范围以及排除的点相联系。

本问介绍的对象类介词包括对待类介词"对""对于""给""为""替""向""冲""于"和与事类介词"和""跟""同""与",范围类介词包括"关于""至于""除""除了""就""论""于""在"。

一、对象类介词

1. 对待类介词

a. 对

在对待类介词中,最为重要的是"对"。"对"主要有两种用法。第一,介引表人的名词或代词。其所在的基本句型是"对+宾语+动词",这里的动词可以是言说类的"说""讲"等,也可以是表身体动作的"招手""点头""笑"等。例如:

(1)我对同桌说:"快出来看雪景啊!"

(2)小雪远远地对我们招手。

第二,介引表事物的名词性成分。其后接的动词或动词性短语可以表示具体的动作,也可以表示内心的感受或主观的态度、看法、意见,如"反对""感兴趣""有想法""满意"等。例如:

(3)学生们普遍对时事新闻很感兴趣。

(4)你对这个事情有什么想法吗?

(5)大家对这次旅行很满意。

第一种用法一般用于句中;第二种用法可以用于句首,也可以用于句中。有时,第一种用法还可以使用介词框架"对……来说/而言"。例如:

(6)对我们来说,一年之中只有春天是最好的季节。

(7)对外国游客而言,苏州是去中国旅行的必经之站。

b. 对于

作为对待类介词的"对于"和"对"用法接近。例如:

(8)对于健康,人们越来越关注了。

(9)他对于专家的意见进行了认真的思考。

需要注意的是，"对"的第一种用法不能换成"对于"，也就是说，表示对待他人或者强调有方向性地面对他人时，只能用"对"。

c. 给

"给"介引的宾语也可以表示动作的对象。例如：

（10）我们给他打个电话吧。

（11）王老师给你留了几本书。

在这类句子中，"给"介引的是动作或事物的接受者，其所在的常见句型是"主语 + 给 + 指人宾语 + 动词性成分"，表示主语对介词宾语做出动作。该句型也可以变换为"主语 + 动词性成分 + 给 + 指人宾语"。例如：

（10'）我们打个电话给他吧。

d. 为（wèi）

介词"为"介引的宾语也可以表示动作的对象，既可以是服务的对象，也可以是心理活动针对的对象。例如：

（12）医务工作者在第一时间赶到灾区，为群众服务。

（13）你也为我们考虑一下啊。

e. 替

与"给""为"类似，介词"替"介引的宾语也可以表示动作的对象。例如：

（14）张老师替李老师代了两天课。

（15）张大妈总是替邻居们操心。

f. 向、冲

我们在第4问中介绍过方向类介词"向"，当介词"向"的宾语是表示动作方向、目标或对象的人、组织、机构时，"向"也可以看作对象类介词。介词"冲"的用法与"向"基本一致，但正式场合中一般用"向"而不用"冲"。例如：

（16）台上的演员向/冲观众咧开嘴笑了。

（17）他向/冲书架默默地盘腿坐着，一言不发。

（18）学生们郑重地向/*冲老教师们表示谢意。

有时也可以用"向着"或"冲着"，二者意义和用法完全一致。例如：

（19）妹妹向着/冲着爸爸跑了过去。

（20）此时我也向着/冲着天空张开嘴，大声呼喊。

g. 于

"于"介引的宾语也可以表示动作的对象。"于"构成的介词短语既可以位于动词之前充当状语，也可以位于动词之后充当补语。例如：

（21）请不要做于人于己都没有好处的事情。

（22）吸烟有害于健康。

2. 与事类介词

a. 和

"和"介引的宾语表示引进的对象，这个对象是与主语具有共同属性的另一主体或共同完成动作的另一主体，两个主体的动作方向是双向的。例如：

（23）我和小敏结婚了。

（24）张老师常常和我们在讨论课上激辩。

"和"引进动作指向的对象时，句中两个主体的动作方向是单向的。例如：

（25）我和你打听个人，赵敏你知道吗？

（26）咱们这么熟了，你还和我客气什么。

"和"出现在"A和B一致/不一样/差不多/相当"等结构中，用于引进比较对象；出现在"A和B一样/似的"等结构中，用于引进比拟对象。例如：

（27）武汉夏天的天气和南京差不多。

（28）小朋友的脸蛋儿红扑扑的，和苹果一样。

b. 跟

介词"跟"引进对象时，与"和"用法一致，表示两个主体的共同属性或一起完成某一动作，这时两个主体的动作方向是双向的。例如：

（29）我跟陈小平离婚了。

（30）我已经三年没有跟美国的老朋友见面了。

"跟"引进动作指向的对象时，句中两个主体的动作方向是单向的。例如：

（31）妈妈总是嘱咐我多跟别人学习他们的长处。

（32）小童大老远就跟我招手打招呼了。

"跟"还可以引进其他类别的对象，如比较对象，一般出现在"A跟B一样／不同／差不多／相等"等结构中；再如比拟对象，一般出现在"A跟B一样／似的"等结构中。例如：

（33）在这举国欢庆的时刻，我跟12亿中国人一样，心潮澎湃啊！

（34）这院子四周的墙又高又厚，跟城墙似的。

"跟"的口语色彩比较浓，而"和"用在口语和书面语中都可以。

c. 同、与

与"和""跟"用法一致的还有介词"同"，这里不再赘述。

介词"与"引进对象时，与"和""跟"的用法基本一致，但它的书面语色彩更浓厚。"与"可以引进与主语具有共同属性或能一起完成某一动作的对象；也可以引进动作指向的对象，相当于"向""对"；还可以引进比较对象和比拟对象。需要注意的是，引进动作指向的对象时，"与"对谓语有很大的限制，大部分动词、形容词都不能使用。例如：

（35）我不相信自己会在此地遇上考察队寻找多年的野人，也不相信野人会与我说话。

（32'）小童大老远就与我招手打招呼了。

（25'）*我与你打听个人，赵敏你知道吗？

（26'）*咱们这么熟了，你还与我客气什么。

（31'）*妈妈总是嘱咐我多与别人学习他们的长处。

二、范围类介词

1. 关于

"关于"构成的介词短语既可以位于句首充当状语；也可以位于句中充当定语，表示涉及的范围。例如：

（36）关于招生的问题，请直接与我们的负责人联系。

（37）董事长向我们介绍了很多关于企业的情况。

"关于"构成的介词短语可以独立做正式文件、政令的标题。例如：

（38）关于调查人口和土地状况的通知

（39）全国人大常委会关于批准2010年中央决算的决议

2. 至于

"至于"所介引的宾语一般是一个话题。它对语境有严格的要求，一般出现在前文已经出现了一个话题，后文再开启一个相关的新话题的语境中。例如：

（40）他的目标是在奥运会200米赛跑中取得佳绩。至于100米赛跑，他似乎对10秒的成绩已经十分满意了。

（41）为了通过HSK考试，我这三个月已经竭尽全力了，汉语水平也有了很大的提高。至于成绩，我倒是不太关心了。

3. 除、除了

介词"除""除了"介引宾语表示排除宾语所指代的内容。例如：

（42）除去过一趟北京，外地他哪儿都没去过。

（43）除了去年生病住院一周，王老师这30年里没请过一次假。

二者都可以和"以外/外"构成介词框架"除/除了……以外/外"，表示排除，"以外/外"可以省略。在实际使用中，"除/除了……（以外/外）"还可以和"还""也"等副词构成含义完全不同的句式。例如：

（44）除了土耳其式马桶，有些厕所还安装了自动节电装置。

（45）除了数学以外，我也擅长英语和音乐。

（46）除中国外，日本、韩国等东亚国家也深受儒家影响。

这三例在意义上与排除式并不相同，"除/除了……（以外/外）"所在分句表示的内容与后一分句表示的内容存在某种一致性，我们称之为"加合式"。一般来说，"除/除了……（以外/外），……都……"是排除式，表示排除"除/除了"介引的宾语所表示的情况；"除/除了……（以外/外），……还/也……"是加合式，表示包括"除/除了"介引的宾语所表示的情况。

4. 就、论、于、在

介引范围宾语的介词还有"就""论""于""在"。这些介词的共同特点是：当人们发表意见、看法或表明态度时，它们常常用来引入话题。

介词"就"介引的宾语多表示范围，少数表示对象，多用在比较正式的书面语语体中。"就"构成的介词短语既可以位于主语之前，也可以位于主语之后。例如：

（47）总理就东亚合作的方向和领域等阐述了中方的主张和建议。

（48）就目前的价格来讲，机票价格还有下降的空间和可能性。

如上例所示，"就"也常出现在"就……来讲""就……而言"等介词框架中。

"论"介引的宾语一般是后文要谈论的范围，相当于引出话题。例如：

（49）论情节和表演，我认为还是第一集最好。

（50）论队伍实力，中国女子冬季两项在亚洲还是很有竞争力的。

"于"可以介引范围，表示某个领域或方面。例如：

（51）我们厂一直致力于空调产品的研发。

（52）"可能世界"的概念已运用于哲学的许多领域。

"在"介引范围时，一般出现在介词框架"在……上""在……中""在……里"中。例如：

（53）在学习上，王林一直默默帮助我。

（54）在五个孩子中，老王最喜欢的是小女儿。

（55）在我的记忆里，故乡还是那个风景如画的世外桃源。

7. 什么是原因类介词？什么是目的类介词？

介引原因宾语的介词简称"原因类介词"，介引目的宾语的介词简称"目的类介词"。前人认为二者表义相近，因此常常将其放在一起进行讨论，如刘月华、潘文娱、故韡（2001），陈昌来（2002），曹炜（2011），周文华（2011）。

原因类介词和目的类介词相关，目的是动作行为达到的最终目标，也可以看作动作行为产生的原因。典型的目的类介词包括"为（wèi）""为了"，典型的原因类介词包括"因为""因""由于""以""为（wèi）""于"

"以""由"。需要注意的是，一些原因类介词，如"因为""由于""以"等，正处于语法化过程之中，同时具有连词的语法功能，如"以"可以连接短语或句子表示目的，但此时"以"是一个连词。本书中我们这样界定，"因为""由于""以"等后接体词或体词性短语时是介词，后接谓词或谓词性短语、小句时是连词。

一、原因类介词

1. 因为、因

介词"因为""因"表示原因，介引的宾语是体词或体词性短语，多数是名词或名词性短语。"因为"一般位于句首，"因"则可以位于主语之后。例如：

（1）因为语言，人与人的隔阂是那样难以逾越。

（2）会议实到10人，1人因事请假。

2. 由于

介词"由于"表示原因，介引的宾语是体词或体词性短语。"由于"构成的介词短语一般位于句首。例如：

（3）由于大火，本市三分之一的地区已经断电了。

（4）由于时差，国际会议的时间往往不是在深夜就是在凌晨。

3. 为（wèi）

介词"为"在一些情况下可以介引表示原因的宾语。例如：

（5）我们都为你感到骄傲。

（6）大家都为弟弟考上大学这件事高兴。

4. 于

介词"于"介引原因宾语时，一般位于动词之后，"于"构成的介词短语充当补语。例如：

（7）目前，全球已有超过10万人死于新型冠状病毒感染。

（8）前一段时间我忙于[①]毕业，所以一直没和你联系。

---

① 介引原因宾语的"于"语法化程度比较高，基本上已与前面的形容词、动词语法化为一个词，如"忙于"在《现代汉语词典》（第7版）中已成为一个动词，"于"成为一个词缀。

5. 以

介词"以"介引宾语表示原因，常常用在"以……而……"结构中。例如：

（9）我们以拥有你这样优秀的同事而骄傲。

（10）上海以国际化大都市而闻名于世。

6. 由

介词"由"介引的宾语表示原因的较少。例如：

（11）由这些照片，我想到了我的童年。

（12）老张工作起来就不注意身体了，这次由感冒引起了肺炎。

二、目的类介词

1. 为（wèi）

目的类介词主要是"为"。表示目的时，"为"介引的目的宾语多为动词性成分。例如：

（13）为避免粗心大意的错误，老师总是提醒我们做完试卷后要认真检查。

（14）为保护群众的生命财产，他不顾自己的生命危险与歹徒搏斗。

表示目的时，"为"常常出现在"为……而……"结构中。例如：

（15）为国家的现代化而奋斗！

（16）为实现我们的既定目标而努力。

此外，"为"还可以出现在介词框架"为……起见"中。例如：

（17）为健康起见，王老师在日常饮食中严格控制脂肪的摄入。

2. 为了

一般来说，目的类介词"为"和"为了"可以相互替换。例如：

（14'）为了保护群众的生命财产，他不顾自己的生命危险与歹徒搏斗。

（15'）为了国家的现代化而奋斗！

（17'）为了健康起见，王老师在日常饮食中严格控制脂肪的摄入。

8. 什么是处置类介词？什么是被动类介词？

中国著名语言学家王力先生在《中国现代语法》中最早提出了"处置"的概念。在讨论"把"字句时，王力（1943：161）指出，"处置式是把人怎样安排、怎样支使、怎样对付，或把物怎样处理，或把事情怎样进行"。当然，后来有很多学者认为，"把"字所在句式的语义并不都表示处置，并提出了新的观点，如表示结果、致使、位移等，这里我们不做讨论。为叙述方便，我们这里所说的介引处置宾语的处置类介词主要指"把"、具有文言色彩的"将"和具有口语色彩的"拿"。处置类介词是汉语中一类特殊的介词，我们在其他语言中很难找到完全对应的成分。

介引被动宾语的介词简称"被动类介词"。与处置类介词相比，被动类介词具有广泛的语言普遍性。被动类介词一般在句中介引动作行为的施事，而句中的主语则是受事，句子表达一种受外力推动或受他人影响而发生的动作行为。汉语中的被动类介词较为丰富，本书主要介绍"被""让""叫""给""于""由"。

前人在介绍汉语介词时常常将处置类介词和被动类介词归入对象类介词，但其鲜明的语义特点与对象类介词所表示的"对待""与事""范围"义有很大差异，因此我们将其单列出来进行介绍。

一、处置类介词

1. 把

介词"把"的宾语一般是受事，"把"强调对人或事物加以处置。包含介词"把"的句子被称为"把"字句，是现代汉语中最有特色的句式之一。例如：

（1）你把外面那张桌子搬进来吧。
（2）妈妈把刚从超市买回来的冰激凌放在冰箱里了。

"把"的宾语一般为名词性成分，语义上多表示谓语动词的受事。在语用上，宾语所指代的内容是交际双方已知的，如例（1）中的"桌子"和例（2）中的"冰激凌",因此其前可以用"这""那"修饰。

2. 将

"将"与"把"在意义和用法上基本一致,表示对宾语所指代的人或事物的处置。"将"比"把"更为正式,因此更多地出现在书面语语体中,尤其常用于说明文中。例如:

(3)用户可以将自己的出行计划、会议安排等进行提醒设置。

(4)政府决定将留学生奖学金的标准提高1000元。

(5)将鱼片放入锅中煮熟,再加盐调味即可。

3. 拿

"拿"介引的宾语表示人或事物时,其常出现在"拿……当……"结构中表示处置。例如:

(6)有些人总爱拿他的一些小事当笑话说。

(7)咱们都认识,别拿我当傻子。

二、被动类介词

1. 被

介词"被"在句中常置于谓语动词前引出施事,表示被动意义,这时整个句子被称为"被"字句。"被"字句多表达不如意、不希望的事情,也可以表达受到的影响。例如:

(8)衣服被雨淋湿了。

(9)她三岁时被送到乡下的奶奶家生活。

2. 让、叫、给

在口语中,我们还常常用"让""叫""给"介引施事宾语表示被动。例如:

(10)蛋糕全让他一个人吃完了。

(11)玻璃杯叫小孩儿打碎了。

(12)手机屏幕给孩子摔坏了。

口语中还经常使用"让……给……""叫……给……"结构。例如:

(13)便宜都让你给占了。

（14）垃圾都叫妈妈给倒了。

3. 于

介词"于"也可以引出施事，表示被动意义。其用法与其他被动类介词略有差异，"于"构成的介词短语一般位于动词之后。例如：

（15）我们家族的老宅在战争年间毁于炮火。

（16）美国队虽力挽狂澜，但还是惜败于俄罗斯队。

例（15）中的"毁于炮火"意为"被炮火所毁"，例（16）中的"惜败于俄罗斯队"意为"被俄罗斯队打败"。

4. 由

"由"也可以介引动作行为的发出者，即施事。例如：

（17）售后问题由客服中心负责解决。

（18）现在由主持人介绍该单位的具体情况。

9. 还有哪些类型的介词？

本问主要介绍现代汉语中其他几类较有特色的介词，它们包括表示"比较"的"比""较""于"、表示"过程"的"通过""经过"、表示"强调"的"连"和表示"伴随"的"随着"。这些介词在现代汉语中的使用频率都比较高。

一、比较类介词

1. 比

介词"比"用于介引比较项，出现在比较句中，其所在的基本句型是"A比B＋X"，常表示性质、数量、程度等方面的比较。例如：

（1）今天比昨天热。

（2）今年的留学生比去年多300人。

2. 较

介词"较"的用法与"比"类似，但"较"多用于书面语。上述两例中的

"比"都可以替换为"较"。例如：

（3）今天较昨天热。

（4）今年的留学生较去年多300人。

3. 于

与介词"比""较"用法不同，"于"作为比较类介词时，常用在形容词后面，所构成的介词短语充当形容词的补语。例如：

（5）我们的技术和设备都明显优于同类企业。

（6）身高高于1.4米的儿童需要购买成人票。

二、过程类介词

1. 通过

"通过"介引的宾语常表示方法、手段、媒介，整个句子表示经由这一渠道或过程，达到某种目的。例如：

（7）我们通过多种渠道了解到了这一问题。

（8）通过学习，我们进一步加深了对中国历史的了解。

2. 经过

"经过"介引的宾语更强调过程，整个句子表示经由这一过程，达到某种结果。例如：

（9）经过研究分析，我们最终确定了这一病毒的来源。

（10）经过岁月的磨炼，曾经的毛头小伙儿已成长为我们公司的中坚力量。

三、强调类介词

介词"连"表示强调，一般出现在"连……都……""连……也……""连……还……"等固定结构中，其后的宾语可以是名词性成分、动词性成分甚至小句，表示最极端的人、动作、事情或情况。例如：

（11）连亲妈都对他有意见。

（12）你怎么连打字都不会啊？

（13）她忙得连一口水也没喝。

（14）他连HSK三级还没过，就学古代汉语了啊？

四、伴随类介词

介词"随着"在句中多出现在句首，其后的宾语表示一种背景或条件。例如：

（15）随着季节的变化，各种蔬菜的价格也有很大的波动。

（16）随着改革开放的深入，中国在各个方面都取得了巨大的成就。

第二部分　介词及其短语的特点

10. 介词的句法分布特征和句法作用是什么？

一、介词的句法分布特征

给虚词分类，根据的是词的句法分布特征。那么，人们是依据什么样的分布特征划分出介词这一词类的呢？我们在第2问中说过，介词内部成员的语法化程度并不一致，这导致其句法分布特征也不尽相同，但是我们可以从中归纳出一些共有的特征，这样一来介词就有了立类的基础。我们把介词的这些特征称为"原型特征"，相应地，有一些介词具有其他成员没有的分布特征，这些特征被称为"非原型特征"。

介词的原型特征包括以下几点：第一，介词必须附着在其宾语的前面表示一定的语义关系，一般情况下，二者不能分离使用。因此，介词也被称为"附着定位词"，并且在任何情况下都不能单独使用。例如：

（1）a. 离北京五百公里

　　　b. *北京五百公里

（2）a. 趁暑假完成

　　　b. *暑假，趁[?]完成

（3）——沿这条路走吗？

　　　——*沿。/ *不沿。

以上三例共同说明介词和其宾语必须联合使用。例（1）说明，去掉介词后，原句不再成立或意思发生改变。例（2）说明，介词宾语不能移位充当话题，也不能省略。例（3）说明，介词在任何情况下都不能单用，即使是在比较随意的口语语体中。

第二，介词短语不能单独做谓语。前文已述，介词短语在句中一般充当句首修饰语、状语或定语。例如：

（4）<u>对于这一问题</u>，科学家仍在研究。（做句首修饰语）

（5）我们<u>经过不懈的努力</u>终于完成了任务。（做状语）

（6）人们一般喜欢住<u>朝南</u>的房间。（做定语）

在例（4）中，介词短语"对于这一问题"位于句首，充当后续句子的修饰语；在例（5）中，"经过不懈的努力"充当谓语中心语"完成了任务"的状语；在例（6）中，"朝南"作为定语修饰中心语"房间"。这里需要注意的是，"随着""本着""除了""为了""经过""通过"这一类介词虽然以"着""了""过"结尾，但"着""了""过"已和前面的语素紧密凝结在一起，整个结构已经演变为一个介词而非动词了。试比较：

（7）*随着呢经济的发展／随着经济的发展／随经济的发展／*随了经济的发展／*随过经济的发展

（8）吃着呢／吃着饭／吃饭／吃了饭／吃过饭

另外，还需要注意的是，有些词兼有动词和介词两种词性，只有充当动词时，它们才能单独做谓语。例如：

（9）——喂，请问王老师在吗？

——在。

（10）——你出生在2001年？

——*在。

在例（9）中，"在"是动词，充当句子的谓语，因此可以独立回答问题；在例（10）中，"在"是介词，不能独立回答问题。

第三，介词不能连用。一般情况下，介词之后不能再出现另一个介词。例如：

（11）*<u>通过经过</u>这次活动

（12）*请<u>把将</u>新课本带来

有时在嵌套结构中，我们可以发现介词连用的情况。例如：

（13）在对10家游乐场馆的安全质量抽查中……

（14）从被录取的636名学生的构成上看……

但需要注意的是，在句法结构上，这两个连用的介词是不直接发生关系的。在例（13）中，主干是"在……中"，"对"的宾语中心是"安全质量抽查"，这两个结构嵌套在一起导致了介词连用；在例（14）中，主干是"从……上看"，"被"字结构的宾语中心是"构成"。

介词的非原型特征主要来源于历时的遗留和使用时的变化。部分介词由于还处在从动词向介词虚化的过程中，因此不同程度地保留了一些动词的功能，如"叫""给""从""顺""跟""朝"等可以出现在正反问句中，以"介词＋不／没＋介词"的形式进行提问。例如：

（15）我就想知道明天你从不从上海走。

（16）你还给不给我们当翻译？

（17）大卫昨天跟没跟你们去跑步？

需要注意的是，并非所有的介词都保留了动词的功能。此外，介词与其宾语构成介词短语后，也有一些非典型的功能。例如：

（18）——在哪儿激活健身卡呀？

　　　——在体育馆。

（19）你怎么总跟猪过不去？

例（18）说明，在对话的答语中，介词短语可以单独使用；例（19）说明，一些介词短语还可以受其他词语修饰。但这并非介词本身的功能，这里不做详细讨论。

二、介词的句法作用

与介词的句法分布特征一样，由于介词内部成员的语法化程度存在差别，介词在句法结构中的作用也分为基本作用和非基本作用。

介词属于典型的虚词，本身没有词汇意义。介词在句法结构中的基本作用是与其所介引的宾语构成介词短语，表示时间、处所、方向、范围、原因、依据、对象等。简言之，介词在句中连接不同的成分，充当联系人的角色，标示相应的语法关系。

除了基本作用，介词的非基本作用主要体现在以下三点：

第一，标记句式。句式是根据句子结构的特殊之处归纳出的句子类型。介词短语固定化后常成为句中的标志性成分，语法学家往往用这些介词为其所在的句式命名，如"把"字句、"被"字句、"连"字句、"比"字句等。

第二，改变介词宾语的句法功能。介词与所介引的宾语组合之后，改变了原有宾语的句法功能。一般来说，介词宾语多为体词或体词性短语，原来在句中主要充当主语、宾语。加上介词后，整个介词短语可以充当状语、补语等句法成分，具备了新的句法功能。

第三，限制结构。介词对其所附着的成分往往有限制作用，主要体现在两点。第一，限制宾语的位置，宾语一般不能移位或省略。第二，限制词类。一些介词只与特定的词语搭配，如"按照"后面一般跟"法规""原则""要求""方针"等名词做中心语的偏正短语；"往"用在动词后充当补语时，前面一般是"开""发""销""送""派""飞"等具有方向义的单音节动词。

11. "在图书馆"和"在图书馆看书"中的"在"一样吗？

下面每组句子中都有一个相同的画线词，它们的词性一样吗？

（1）a. 波伟在图书馆呢。

b. 波伟在图书馆看书呢。

（2）a. 你们比比，看谁写得好。

b. 上海的冬天比北京暖和。

在以上两组句子中，a 句的画线词是动词，b 句的是介词。它们有什么区别呢？

其实，现代汉语中的很多介词都是由动词语法化而来的。在这一过程中，词义由原本具有实际意义发展到没有实际意义，只承担语法功能。语法化是一个漫长的过程，有的介词已经完成了这样的过程，有的介词则还处在这样的过程中。所以，现代汉语中存在同一个词动词用法和介词用法共存的情况，即所谓的"同形异类"。但是，只要我们能够把握清楚两种词类的基本功能，绝大多数同形异类的情况都可以轻松辨别出来。

我们在上一问中已经介绍了介词的句法分布特征和句法作用，本问我们以动词的句法功能为纲，比较这两种词类。

一、动词与介词的相同之处

大部分动词和所有的介词都可以带宾语。能带宾语的动词是及物动词，少数不及物动词也可以带施事宾语；而介词在一般情况下都需要带宾语，少数情况下可以省略宾语。例如：

（3）我在中国学了五年汉语。

（4）前面一下来了三辆621路车。

（5）通过这次实习，我了解了自己的不足。

（6）刚买的自行车被偷了。

例（3）中的及物动词"学"带了宾语"五年汉语"；例（4）中的"来"是不及物动词，一般不带宾语，但此句中带了施事宾语"三辆621路车"；例（5）中的介词"通过"带了宾语"这次实习"；例（6）中的"被"是介词，后面直接跟动词"偷"，宾语"小偷"被省略了。

二、动词与介词的不同之处

动词的语法功能十分丰富，介词的语法功能就简单得多。二者的不同具体表现在以下几点：第一，动词一般可以带补语，如结果补语、动量补语、可能补语等，而介词不能。例如：

（7）请大家让一下，老弱病残优先。

（8）这个故事让我知道了什么是爱。

例（7）中的动词"让"带了动量补语"一下"；例（8）中的"让"是介

词，不能带补语。

第二，动词一般可以带助词"了""着""过"，而介词不能。例如：

（9）昨天的比赛队友病了，我替了他。

（10）*昨天我替了队友参加了比赛。

值得注意的是，虽然一些双音节介词的第二个语素是"着""了""过"，如"随着""沿着""除了""为了""通过"等，但它们均已完成词汇化，其中的"着""了""过"已不再是一个助词，而成为介词中的一个语素。

第三，动词一般可以重叠，而介词不能。例如：

（11）咱俩比比，看谁跑得更快。

（12）*我比比他跑得更快。

而且，动词的重叠形式可以是"VV""V—V""V了V"等。

第四，动词一般可以用"不"或"没"否定，可以用"V不V"或"V没V"的形式提问，而介词一般不可以。例如：

（13）——你对没对新买的手表？

　　　——我还没对呢。

（14）——*大家对不对他很满意？

　　　——*大家不对他很满意。

第五，动词一般可以受副词修饰；而当副词位于介词前时，其修饰的是整个介词短语，不是介词本身。例如：

（15）老师只给了我一朵花儿。

（16）书竟然给他弄脏了。

在例（15）中，副词"只"修饰动词"给"；而在例（16）中，副词"竟然"修饰整个介词短语"给他弄脏了"。

第六，动词可以单独做谓语，而介词不能。例如：

（17）餐厅的大门朝着南边儿。

（18）餐厅的大门朝南开。

在例（17）中，"朝"是动词，后边可以跟助词"着"表示动作的状态，整个结构充当谓语中心语；而在例（18）中，"朝"是介词，介词短语"朝南"修饰谓语中心语"开"。

三、动词与介词的纠葛

虽然典型的动词和介词有明显的差异，但我们也应该看到，现代汉语中的绝大多数介词都是由动词语法化发展而来的。由于语言发展的连续性和复杂性，动词向介词虚化的过程仍在继续。根据张谊生（2000）的统计，现代汉语中的动介兼类词所占比例相当大，如"比""往""对""冲""向""朝""当""顺""沿""替""拿""在""让""为""按""给""随""乘""趁""连""离""管""叫""依""照""按照""依照""通过""经过"等词都存在动词和介词的用法。例如：

（19）在气候方面，北方不能和南方比。

（20）广州的冬天比哈尔滨暖和多了。

例（19）的"比"是动词，充当谓语中心语；例（20）的"比"是介词，介引其中一个比较对象。

12. "我和他吃饭"和"我和他撒谎"中的"和"一样吗？

下面句子中的画线词都是介词吗？如何分辨？

（1）我和他被选为代表。

（2）我和他撒了一个谎，没跟他说实话。

（3）因遇到不可预测事件，活动取消。

（4）因不可预测事件，活动取消。

连词可以连接词、短语和句子，把不同的语言单位组合在一起，主要起连接作用；连词一般不充当句法成分。介词主要介引宾语构成介词短语，表示时间、处所、方向、范围等，主要起介引作用；介词也不能充当句法成分。

介词和连词的纠缠主要表现在两个方面：一是句中两个事项之间究竟是并列

关系还是与事关系，与之相关的词语是"和""跟""同""与"；二是句首连接成分"因为""由于""至于""为了"表示原因、范围、目的时，是介词还是连词。

关于连词和介词的区别，有很多研究成果。例如，邢福义（2002：123）提到，"一个同形单位……如果是介词，前边可以出现副词等状语性成分……如果词语是连词，组合单位后边可以出现总括副词'都'……有时情况两可，到底是介词还是连词，需要结合语境来判别。句间连词和介词，有不同的语义关系。要言之，句间连词表示'句'与'句'之间的关系，而介词却只是表示'句内'关系"。本问我们会提供更多的区分方法。

一、句中词的区分

在第6问中，我们曾对与事类介词"和""跟""同""与"进行过介绍。一般而言，"和""跟""同""与"做介词介引动作指向的对象时，相当于"向"和"对"；做连词时，连接的对象之间是平等关系。例如：

（5）我们要和先进的文明学习，取长补短。（做介词）

（6）在这里可以体验到中国文化和西方文化。（做连词）

既然连词连接的对象之间是平等关系，那说明它们之间没有方向性，而介词引进的对象一般是有方向性的，我们可以利用这一点区分"和""跟""同""与"是介词还是连词。根据连词的特点，我们可以采取以下方法进行辨别：

（7）在这里可以体验到西方文化和中国文化。／*先进的文明要和我们学习，取长补短。

（8）在这里可以体验到中国文化、西方文化。／*我们要、先进的文明学习，取长补短。

（9）在这里可以体验到两种文化——中国文化和西方文化。／*？

（10）在这里可以体验到中国文化，也可以体验到西方文化。／*？

例（7）是替换法，既然连词连接的对象之间是平等关系，不考虑具体语境，我们完全可以调换它们出现的顺序；例（8）是删除法，删去连词，原句依然可以成立；例（9）是总括法，连词连接的两个对象是同类事物，我们可以用一个上位概念总括；例（10）是分解法，即将连接的对象分别与谓语动词进行结合。介词不具备这些用法。

根据介词的特点，我们可以采取以下方法进行辨别：

（11）我们要向先进的文明学习，取长补短。/ *在这里可以体验到西方文化向中国文化。

（12）我们要多和先进的文明学习，取长补短。/ *在这里可以体验到西方文化多和中国文化。

（13）和先进的文明学习，取长补短，是我们要做的。/ *？

（14）我们呢，要和先进的文明学习，取长补短。/ *？

例（11）是代替法，介词介引动作指向的对象时相当于"向""对"，我们可以直接用这两个词进行代替；例（12）是添加法，介词短语之前还可以添加副词充当状语，一起修饰后面的谓语；例（13）是移位法，介词短语可以移至句首充当状语；例（14）是话题法，介词短语所在句的施事可以成为话题。连词不具备这些用法。

二、句首词的区分

句首词主要指"因""因为""由于""为了""为""至于"，这些词我们在第6、7问中都做过介绍。"为了""为"介引宾语表示目的；"至于"介引宾语表示范围，用于开启一个相关的新话题；其他几个词介引宾语都表示原因。

辨别这些词语是介词还是连词，学界尚没有一个严格的标准。比较折中的办法是看这些词后面的附加成分的性质，即如果附加成分是一个包含谓词性结构的短语或小句，那么它就是连词；如果附加成分是一个体词或体词性短语，那么它就是介词。例如：

（15）因为天气，航班出现大面积晚点。

（16）因为遭遇了恶劣天气，航班出现大面积晚点。

（17）为了他的大学梦，他连续参加了五次高考。

（18）为了圆大学梦，他连续参加了五次高考。

（19）至于这个问题，我们下次再讨论。

（20）至于你是否有资格参加比赛，我们下次再讨论。

在例（15）、（17）、（19）中，"因为""为了""至于"后的"天气""他的大学梦""这个问题"分别是名词、定中式偏正短语和指量名短语，它们都是体词性成分，因此"因为""为了"和"至于"是介词；在例（16）、（18）、（20）中，"因为""为了""至于"后的"遭遇了恶劣天气""圆大学梦"是谓词性动宾短语，"你是否有资格参加比赛"是小句，因此"因为""为了"和"至于"是连词[①]。

现在我们再来看一下开头的四个例句。用上面介绍的方法，我们可以轻松判断出例（1）中的"和"是连词，例（2）中的"和"是介词，例（3）中的"因"是连词，例（4）中的"因"是介词。

13. 单—双音节介词有哪些不同？

在汉语中，相对于数量庞大的名词、动词等词类，介词是一个相对封闭的类。例如，方清明在《现代汉语介词用法词典》中共收录介词149个。从音节构成看，这149个介词包括65个单音节介词、80个双音节介词、3个介词框架和1个三音节跨层介词结构。可以看出，现代汉语中绝大多数介词是单音节和双音节的。本问我们将通过讨论双音节介词的形成、与单音节介词的关系对单—双音节介词进行比较。

一、双音节介词的形成方式

随着语言的发展变化，双音化成为汉语词汇的一个趋势。在这个趋势的影响下，汉语中产生了大量的双音节介词，还有一些介词是双音化的动词虚化而成的。现代汉语中双音节介词形成的方式主要有以下几种：

[①] 需要注意的是，"为了"和"至于"在《现代汉语词典》（第7版）中都没有连词词性。

1. 同义并列

同义并列是指两个意义相同的词一起使用，逐渐虚化为介词。汉语中这类构词方式早在先秦时期就已经出现，如介词"自"和"从"并列形成"自从"，此外还有"因为"等。现代汉语中还有一些同时做动词和介词的兼类词，见表13-1。

表13-1　汉语中的动介兼类词（李德鹏，2011：71）

动介兼类词	动词用法出现的时间	介词用法出现的时间
比较	宋代	清代
通过	魏晋南北朝	现代
作为	元代	清代
依照	当代	现代
按照	清代	清代

由表13-1可以看出，不同词语动词用法和介词用法的出现时间是不一样的。有的动词用法先于介词用法出现，有的介词用法先于动词用法出现。现代汉语双音节介词同义并列虚化又可以分为以下几种方式：第一种，"介词 + 介词"并列成词。例如，据何洪峰、崔云忠（2014）的研究，介词"依"大约产生于汉代，而"照"大约产生于唐代，二者在元代复合成"照依"，晚清后又变为"依照"。第二种，"动词 + 动词"并列虚化成介词。例如，"作为"的构成语素"作"和"为"并非两个单音节介词，它们在古代汉语中都是独立的动词，双音节介词"作为"是通过"动词 + 动词"直接并列成词，然后再虚化为介词的。据王珏（2007）的考察，大约在20世纪初，"作为"的介词用法才出现。在"作为"由动词变为介词的同时，其语义也由"主观认定角色"变为"客观指出角色"，介词"作为"在语法上仍然继承了动词带角色成分做宾语的语法特征。另外，像"按照"这类词，其动词用法和介词用法的出现时间相同，而且构成语素都有动词和介词两种用法，它们的形成既可能是通过"介词 + 介词"并列成词，也可能是通过"动词 + 动词"并列虚化成介词，这还需要进一步考证。

2. 动词加体标记

现代汉语中有一类"X着"介词，如"顺着""沿着""朝着""趁着"。"X着"介词一般是由动词加表示状态持续的体标记"着"词汇化而成的。石毓智（1995）、董秀芳（2003）认为，在"V着"中，"着"作为体标记表示动作正在进行或状态正在持续，常常出现在"V着NPVP"结构中，且出现在连动结构的第一个动词后面，而且这个动词是及物动词，这时"V着"表示与VP同时进行的一个动作或存在的一种状态。一般来说，一个句子中只有一个动词性结构。从语义上看，连动句的语义重心在句末VP上，在时间一维性原则的作用下，"V着"被虚化为介词，"V"成为介词内语素。

3. 动词加介词虚化

这一形成方式主要是指"X于"类介词。以"关于"为例，马贝加（2002）认为，"关"和"于"自汉代开始就并列使用，此时的"关于"是一个动词，表示"关涉到"的意思，而动词"关"和介词"于"大约在20世纪初凝固成介词。

二、双音节介词与单音节介词的不同

值得注意的是，这些双音节介词在途径一和途径三的形成方式上都是通过单音节介词合并或附着产生的。如此，现代汉语中就形成了一些语义和用法都有关联的单—双音节介词。例如：

自、从—自从 按、照—按照 依、照—依照

对—对于 因—因为 据—根据 顺—顺着 为—为了 除—除了

那么这些语义和用法都有关联的单—双音节介词是否可以完全等同呢？答案是否定的。其实，单音节介词主要源自古代汉语，因此较之语义相近的双音节介词，其用法存在很大限制，主要体现在以下三个方面：

第一，单音节介词可以用于一些固定格式中且很多已经成词，而双音节介词则不能用于这些固定格式中。例如：

（1）a. 台湾自古就是中国的领土。

b. *台湾自从古就是中国的领土。

（2）a. 据说，这次台风是百年一遇的大灾难。

b.*根据说，这次台风是百年一遇的大灾难。

第二，单音节介词出现的语体一般都比较正式，而双音节介词不受语体限制。例如：

（3）a. 目前，按章办事、严格管理在京沪公司内已蔚然成风。

b. 练字的时候要照着字帖写。

（4）a. 检察机关坚决贯彻依法"从重从快"的方针，严厉打击严重刑事犯罪活动。

b. 所有的事情都按照规矩来。

第三，一些双音节介词成词后，其语义和用法比原来的单音节介词有所缩小。例如：

（5）a. 王老师远远地对我们招手。

b.*王老师远远地对于我们招手。

14. 介词短语能充当哪些句法成分？

前面介绍介词的定义时，我们曾说过介词短语一般在句中充当状语、定语和补语，其实介词短语还有一些其他的句法功能。请先看下面的例子，想想画线的介词短语都充当了什么句法成分。

（1）按计划，我们将于本周完成任务。

（2）把药吃掉

（3）生于中国

（4）对顾客的态度

（5）在一片美丽的仙人掌花园旁是花园主人的家。

本问我们就介词短语的句法功能进行介绍。

一、充当修饰语

介词短语的主要功能是充当修饰语。在句首的介词短语修饰整个句子；在句中的介词短语充当状语，修饰谓语。例如：

（6）a. 按照合同，我们如期搬进了新房。

b. 我们按照合同如期搬进了新房。

在例（6a）中，介词短语"按照合同"充当句首修饰语；在例（6b）中，介词短语"按照合同"充当修饰谓语中心语"搬"的状语。那么，是否所有的介词短语都可以灵活地出现在这两个位置上呢？答案显然是否定的。从介词本身来看，我们需要注意以下两点：

第一，介词短语的基本功能是充当状语，绝大部分介词短语都可以在句中充当状语，尤其是那些表示与事（"和""跟""同""与"）、工具（"用""凭""以"）、对待（"向""对"）的。少数几个介词（如"把""被""比"等）构成的介词短语更是只能在句中充当状语。例如：

（7）a. 儿子快把衣服收了。

b. *把衣服，儿子收了。

（8）a. 重庆的夏天比北京热。

b. *比北京，重庆的夏天热。

第二，表示时间（"自""从"）、依据（"根据""按照"）、目的（"为""为了"）、原因（"以""由"）、关涉和对待（"对于""关于"）的介词构成的介词短语多用在句首。需要注意的是，"至于"一般用于开启一个新的话题，只能充当句首修饰语。例如：

（9）a. 至于春节、端午节等传统节日，人们早都耳熟能详了。

b. *人们至于春节、端午节等传统节日，早都耳熟能详了。

再看下面两个例子：

（10）当你把他看得很重要的时候，他认为自己无须做到所谓的重要；当你把他看得可有可无的时候，他却把自己吊起来卖了。

（11）随着交通的便利、人流的加大，还有互联网的深入，差异只会越来越小。

在例（10）中，两个"当"介引的宾语有对比的作用，且宾语比较长，这时介词短语宜放在句首；例（11）为了强调"交通的便利、人流的加大"等因素，将介词短语放在了句首。由此可知，上下文线索、介引成分的长度，以及语用强调等因素也可以影响介词短语的位置。

二、充当补语

介词短语充当补语的例子如下：

（12）集千万书<u>于一书</u>

（13）给中国人民<u>以公道法律的保障</u>

（14）躺<u>在床上</u>

（15）来<u>自意大利</u>

例（12）和例（13）属于"动词+名词$_1$+介词+名词$_2$"结构，这里的介词多是"于""以"一类，书面语色彩比较浓厚。例（14）和例（15）属于"动词+介词+名词"结构。值得注意的是，也有人将这种结构分析为动宾结构，即认为"躺在""来自"是动词，"床上""意大利"是宾语。这类结构中的常用介词有"在""自""往""向"等。其实，从总体上看，这类结构正经历着由动补结构向动宾结构虚化的过程，但其内部的虚化程度并不一样：一些介词或用法的虚化程度低些，介词短语与前面的动词结合得并不紧密，这时整个结构就更趋近于动补结构。例如：

（16）他们转移、散布和隐蔽<u>在</u>全国许多地方，秘密的派性联系还没有完全消灭。

（17）穷就穷<u>在</u>没有土地啊。

（18）沈从文则将他的作品"游离<u>于</u>理论纠纷之外，<u>于</u>普遍得失之外"。

在例（16）中，三个动词"转移、散布和隐蔽"是一个并列结构，介词"在"跟在最后一个动词之后，说明"在"与动词结合得并不紧密，整个结构并非动宾结构。如果动词和介词紧密结合成一个整体，那就应该说成"转移在、散布在和隐蔽在"。在例（17）这类谓词重叠式中，介词只能出现在第二个谓词之后。在例（18）中，当两个"游离于+宾语"连用时，后一个介词短语"于普遍得失之外"前的"游离"可以省略，仅保留介词短语。如果是动宾结构，这样省略是不允许的。

而另一些介词或用法的虚化程度高些,这时整个结构就更趋近于动宾结构。例如:

(19)不到一个星期,我的心又飞向了"母亲"身边。

(20)现在不少年轻人都热衷于化妆打扮,追求时尚。

(21)对于新生,热衷写家书的情况大多只持续一个学期。

上述例子中的介词短语都很难解释为补语。例(19)中的介词"向"后面可以插入动态助词"了",说明"飞向"的凝固程度比较高,已经类似于一个动词了,类似的词还有"善于""好在"等。比较例(20)和例(21),我们可以发现介词"于"可有可无。这些例句表明,介词的高度语法化已经引起了结构的变化,使其融入了前面的动词,也就是说,介词本应与其介引的宾语一起充当前面动词的补语,但却成为新动词的构成语素。

三、充当定语

介词短语充当定语较为常见。据考察,构成介词短语后能充当定语的介词主要有"关于""对于""对""在""和""跟""同""与""为""为了""顺着"等。例如:

(22)关于"科幻诗歌"的资料

(23)对于未来的幻想

(24)在北京的日子

(25)同未婚妻的约定

一般来说,介词短语充当定语时,后面都要加"的";但是汉语中还存在一些不加"的"的情况,如"沿海地区""对外汉语",这些词在内部结构上虽然是介词短语充当定语,但本身类似于固定搭配,能产性不强。此外,"对""关于"所构成的介词短语充当定语时,可能会产生歧义,我们需要根据语境进行判断。例如,"对我的建议"就有两种理解:

(26)对我的建议,公司表示十分感谢。

(27)比赛结束以前,评委们纷纷给出了对我的建议。

在例(26)中,"对"和其宾语"我的建议"构成的介词短语充当状语;在例（27）中，"对"和其宾语"我"构成的介词短语充当"建议"的定语。

四、充当宾语

先看下列句子：

（28）我所做的全部，不是为其他任何人，仅是为了自己。

（29）新哲学的创立和发展，是依据自然科学的进步。（BCC）

在上述两个例句中，"为了"和"依据"所构成的介词短语都位于动词"是"之后。有学者将这样的结构看作谓语，金昌吉（1996）采用了吕叔湘提出的"前谓语"的说法，认为介词短语没有做宾语的功能；也有学者将其视为宾语，如张谊生（2000）认为这类介词短语所在句子的表述功能由动词"是"体现，并将介词短语分析为宾语。由于介词并不能自由充当谓语，我们这里更认同张谊生先生的观点。

五、充当主语

介词短语充当主语较为少见，学界也存在争议。一般来说，介词短语常常在存现句中充当主语。存现句是表示某人或某物在某时或某地存在、出现、消失的句式。例如：

（30）沿着荷塘，是一条曲折的小煤屑路。

（31）在控制面板里，有一个专为特殊用途设置的图标——"辅助功能"。

（32）就在这时，走出来一个人，正是马先生。

这类句子多表示存在或出现义，谓语动词常常为"是""有"。介词短语常单独出现，后面有时用逗号隔开，有时不用逗号。

15. 介词宾语有什么特点？

在前面各问中，我们主要介绍了介词的定义、分类和性质。我们知道，在使用时，介词一般是和介引的宾语一起构成介词短语的。本问我们开始介绍介词宾语的一些特点。

介词短语是由介词和它介引的宾语构成的短语,这个宾语按照句法单位的性质,可以有以下几种情况:

一、单个词语

当宾语是单个词语时,这个词语可以是名词、代词或方位词等。具体分以下几种情况:

第一,介词与名词的组合。这里的名词不包括方位词。例如:

(1)从凌晨起,油价每升上涨一毛五分。

(2)我和王磊一起去的图书馆。

在上面两个例句中,例(1)中的"凌晨"是普通名词,例(2)中的"王磊"是专有名词。

第二,介词与代词的组合。例如:

(3)她比我高一点儿。

(4)由这儿到新街口差不多15公里。

在上面两个例句中,例(3)中的"我"是人称代词,例(4)中的"这儿"是指示代词。

第三,介词与方位词的组合。例如:

(5)往西走500米就是邮局。

(6)这糟糕的天气,在外面待一会儿,就被冻得受不了了。

在上面两个例句中,"西"和"外面"都是方位词。

第四,介词与形容词的组合。例如:

(7)叫卖声由远而近。

(8)糖炒栗子要趁热吃才好吃。

在上面两个例句中,"远"和"热"都是形容词。

第五,介词与动词的组合。例如:

(9)据统计,定制巴士的上座率已达到80%。

(10)除了游泳,我平时也跑跑步。

在上面两个例句中,"统计"和"游泳"都是动词。

二、短语

除单个词语之外,介词还可以与一些短语构成介词短语。具体分以下几种情况:

第一,介词与动宾短语的组合。例如:

(11)对于振兴地方经济,老市长有自己的看法。

(12)吴老师把提携晚辈作为自己的职责。

在上面两个例句中,"振兴地方经济"和"提携晚辈"都是动宾短语,分别充当介词"对于"和"把"的宾语。

第二,介词与偏正短语的组合。例如:

(13)对于狼的狡猾,我们早就领教了。

(14)为这群无家可归的流浪猫,他们伤透了脑筋。

在上面两个例句中,"狼的狡猾"和"这群无家可归的流浪猫"都是偏正短语,分别充当介词"对于"和"为"的宾语。

第三,介词与主谓短语的组合。例如:

(15)自从我来到这里,就被它的美迷住了。

(16)今天他能成功,除了他判断正确外,实在还有点儿侥幸。

在上面两个例句中,"我来到这里"和"他判断正确"都是主谓短语,分别充当介词"自从"和"除了"的宾语。

第四,介词与方位短语的组合。例如:

(17)上海位于江苏东南、浙江东北。

(18)刚从市里回来,王老师就去上课了。

在上面两个例句中,"江苏东南、浙江东北"和"市里"都是方位短语,分别充当介词"于"和"从"的宾语。

第五,介词与其他短语的组合,主要是联合短语和同位短语。例如:

(19)除了工人和农民,中国的社会阶层还包括知识分子、军人等。

(20)要想学好汉语,必须把语音、词汇、语法、汉字这些语言要素都掌握。

在上面两个例句中，"工人和农民"是联合短语，充当介词"除了"的宾语；"语音、词汇、语法、汉字这些语言要素"是同位短语，充当介词"把"的宾语。

16. 介词宾语可以缺位吗？

现有的语法书在谈及介词的定义和特点时，一般会说明介词主要用在体词性或部分谓词性词语前面，构成介词短语。也就是说，介词必须先构成介词短语，然后才可以充当句法成分。一般认为，在介词短语中，宾语是主要成分，不能移位或省略，介词也不可以单独使用。例如：

（1）向雷锋学习→*雷锋，向学习→*向学习

（2）和室友的关系→*和的关系，室友→*和的关系

（3）朝南走→*朝走

但是，在汉语中我们也能看到如下句子：

（4）高山探险运动也被称为"勇敢者的运动"。

（5）爱上我这个让宠坏了的妹妹，你很辛苦的。

（6）组长叫去班上选举新学习委员。

（7）雨太大了，不一会儿，衣服就给淋湿了。

在这几个例句中，介词后面都没有带宾语而直接跟了动词。这些例子明显违反了语法书中概括的介词用法，介词后面的宾语由于种种原因缺位了，这种现象也被称为"介词宾语的省略"（张学成，1986）、"介词悬空"（张谊生，2009；孙文统，2018）。

据张谊生（2009）考察，不涉及方言，汉语中有"以""自""为""与""用""由""因""从""拿""被""给""叫""让""借""藉""据""按""照""依""随"等20来个介词有这类用法，约占介词总量的七分之一。本问我们将对这种现象及其出现的原因进行分析。

一、介词悬空的类别

介词宾语不是在任何情况下都能省去的。一般来说，介词悬空可以分为以下几类情况：

第一，宾语被省略。这种情况多发生在上下文中，且上文中已经出现了明确的主体。为了保持连贯和简洁，介词后面的宾语就没有必要再明确指出了。例如：

（8）一位朋友的孩子上小学，老师<u>让</u>画画儿。

（9）我告诉你方法，你<u>照</u>办就是了。

例（8）中介词"让"后面的宾语本应该是"朋友的孩子"，例（9）中介词"照"后面的宾语本应该是"我告诉你的方法"，但它们在前一小句中已经出现且间隔很近，为避免重复，这里将介词宾语省略。"被""给""叫""照"介引的宾语常常会被省略（赵元任，1979）。例如：

（10）公开答辩会上，共有26名本科生通过审批参加了答辩，7名学生<u>被</u>选上。

（11）不<u>给</u>买小猫小狗就算了，给人家弄个老鼠，老鼠也就算了，还是个假的。

（12）我什么都不想带，可老妈非<u>叫</u>带点儿，没办法就带点儿粽子吧。

（13）小吕，你考虑得真周到，我一定<u>照</u>做。

在上述例句中，介词后分别省略了宾语"专家评委""人家""我""你的考虑"。省略的宾语在前一句或上文某一段中出现过，都可以找回。值得注意的是，省略宾语之后的介词的句法地位也有争议：一种观点认为，"被选上""照做"是连动结构；还有一种观点认为，动词前面的介词短语是状语，省略宾语之后紧跟动词的介词可以视为助词。

第二，宾语可以推知或难以明确。有时介词介引的对象是显而易见的，我们可以通过上下文推测出宾语所指。例如：

（14）周口店发现了第一个中国旧石器时代早期猿人头盖骨化石，这一化石<u>被</u>称为"北京猿人"。

在例（14）中，介词后面的宾语应该是"人们"。它并不针对某一特殊的个体或群体，属于泛指，不能提供明确的信息量，因此将其省略。有时，缺位的宾语是隐含的，无法从上文中找出一个明确的主体，这类缺位属于意义性缺位。例如：

（15）犀牛曾经分布在东南亚的许多地方，后来被大量捕杀，几乎在地球上消失。

（16）玉梅担心迟早弟弟得让抓起来。

（17）昨晚刚搞好的新雨棚，夜里就给弄倒了。

（18）据说，转发这张图的人会美梦成真。

如例（15）~（17）所示，这种介引隐含宾语的介词一般有"被""让""给""为""叫"等，且句中动词常常含有"抓捕""恐吓""弄丢"等不如意之义。在例（18）中，说话人并不能明确或不想透露说那句话的人，因此省略了宾语，造成介词悬空。"据说"[①]这类结构经过大量使用，已经有凝固化的趋势，类似的还有"被称为""据传""据了解"等。

第三，特殊句式所致。主要是在"把……给……""被……给……"等句式中，"给"之后的宾语常被省略。例如：

（19）我把我家的狗给揍了！

（20）第一次来到花城广州，没想到第一天就被当成犯罪嫌疑团伙给抓起来。

第四，介词并列造成的。这类介词悬空主要是由句法操作造成的。例如：

（21）用公款支付应由个人负担的费用，应当按照或者比照规定，进行定性处理。

（22）获利的欲望、对金钱的追求，存在于并且一直存在于所有的人上。

（23）明天，她跟不跟你们去玩儿，我不管。

例（21）中并列使用了"按照"和"比照"两个介词，第一个介词"按照"后的宾语悬空；在例（22）中，第一个介词"于"后附于动词"存在"，与"一

[①] "据说""照办"在《现代汉语词典》（第7版）中已作为动词收录。

直存在于"并列使用,第一个"存在于"后的宾语悬空;例(23)类似于正反问,并列使用了"跟不跟",第一个介词"跟"后的宾语悬空。这些操作使得介词在句法上实现了悬空,但其深层结构并未悬空。如例(23),我们可以变换为:

(23')明天,她跟你们去玩儿或者不跟你们去玩儿,我不管。

二、介词悬空的原因

其实,在古代汉语中,介词悬空的现象也很常见,现代汉语中很多固定结构的形成,如"拿来""用来"等,都与古代汉语中的介词悬空有关。

另外,现代汉语中的"从而""借以""据说""照说"等词在形成过程中也经历了介词宾语缺位这样一个环节。张谊生(2009)列举了"因而"的例子,展示了表原因和承接的介词"因"与后面的连词"而"的词汇化过程。

(24)靖前锋乘雾而行,去其牙帐七里,颉利始觉,列兵未及成阵,单马轻走,虏众因而溃散。

(25)如果没有张志新的"加盟",《永远的丰碑》将因而缺憾,因而失彩,因而掉价,因而教育意义"打折"。

在例(24)中,李靖军队的前锋趁着大雾前进,到了距离颉利可汗军帐七里左右才被他们发觉。颉利可汗的军队措手不及,于是颉利可汗一个人骑马逃跑了,颉利可汗手下的军队因为颉利可汗"单马轻走"而乱作一团,四处溃逃。在这个句子中,"因而"本不是一个词,由于原因"单马轻走"承前省略,介词宾语缺位导致介词"因"与其后的成分邻接。随着使用频率的增加,久而久之,"因而"这一跨层句法结构便词汇化为一个词,例(25)就是其在现代汉语中的用法。

在语用上,介词宾语的缺位现象体现了语言的经济性原则。经济性原则使人们用最少的语言表达最多的信息量。此外,一部分宾语作为话题移到句首,或承前省略,客观上还凸显了介词之后的谓词性成分,使语义焦点更为明确。从上面的例子可以看出,介词宾语的缺位并不影响语义表达与理解,反而使表达更加紧凑连贯,协调齐整,富于韵律。

17. 什么是介词的叠加？

介词的叠加，指的是两个或两个以上同义或近义的介词性成分紧邻共现，各个介词或介素可以处于同一个结构层面，也可以处于不同的句法、词法层面（张谊生，2013）。

一、介词叠加的类型

一般来说，介词主要通过并列叠加。

并列叠加是最常见的一种形式，它在近代汉语中就大量存在了。一些高频使用的并列叠加式介词经过语法化，已经固化为双音节词，如"自从"。再如：

（1）婷婷将头抬起，靠在自己的膝上，一边朝向我细心聆听，一边整理着长发。

（2）打自他们第一次见面到现在，他一直对她念念不忘。

例（1）中的"朝向"表示面向、面对的意思，是"朝"和"向"意义的叠加；例（2）中的"打自"表示从某个时间开始的意思，是"打"和"自"意义的叠加。绝大部分可以叠加的介词都是单音节介词。

二、介词叠加的主要原因

介词叠加的主要原因是词汇韵律双音节化的需要。据张谊生（2013）统计，现代汉语中较常用的并列式双音节介词总共有26个，其中16个介词的构成成分同时也是现代汉语中常用的单音节介词，它们是：

自从、打从、自打、从打

遵照、按照、依照、依据

依仗、因为、比较、距离

任凭、经由、除去、连同

这16个双音节介词在形成过程中可能都是在词汇双音节化的机制下，通过两个同义或近义的单音节介词叠加而产生的。古代汉语以单音节词为主，由于汉语语音系统简化，因此产生了大量的同音词。随着社会的发展，新事物大量出现，表意需求增加，原有的单音节词难以满足词义表达准确、丰富、清晰的要求。因此，双音节化一直是现代汉语词汇发展的重要趋势。在双音节化趋势的影响下，介词通过并列叠加不断形成新词。

18. 介词短语在句首和句中一样吗？

介词短语在句中的位置较为灵活，可以位于句首，也可以位于句中，如下面两个例子：

（1）对于这个问题，大家各抒己见。
（2）大家对于这个问题各抒己见。

例（1）和例（2）在语义上完全一致，但是二者在信息的传递上是存在一定区别的。

一、"话题"的定义

要回答标题中的问题，我们首先要从"话题"这个概念说起。在现代汉语中，一部分介词具有标记话题的功能，但是大家对于"话题"究竟是什么还没有达成共识。徐烈炯、刘丹青（2018）汇总了各家关于"话题"的定义所涉及的因素。从这些因素中，我们大概可以了解到汉语中的"话题"究竟是什么。这些因素包括：

语义性质：①话题是后面述题部分所关涉的对象，语义要素是所述，即我们通常所说的"关于"（aboutness）；②话题可以是句中主要动词短语的施事、受事或其他关系的论元，也可以是非主要动词的论元或在语义结构中处于嵌入状态的成分，还可以是时间、地点等句中内容的环境要素。

句法性质：①话题通常位于句首或前置；②话题可以省略；③话题后可以停顿；④话题后面可以带话题标记；⑤由句中成分提升而来的话题可以在句中原位出现复指成分；⑥话题不能位于句子自然重音的所在处；⑦若干句子，甚至整个段落，可以共用一个话题。

功能性质：①话题必须是有定成分；②话题是已知信息；③话题是听说双方共享的信息；④话题是已被激活的信息，其所指应该在不太远的上文中已经提到过；⑤话题是说话人有意引导听话方注意的中心。

根据以上标准，我们来看下面两个句子：

（3）我喜欢你的戏。

（4）那场火，幸亏消防队来得快。

在这两个例句中，述题所关涉的对象分别是"我"和"那场火"；话题的语义性质分别是施事和其他嵌入成分；都位于句首；现场交际时可以省略；对交际双方来说都是确定的信息；话题之后可以添加停顿或话题标记。例如：

（3'）我啊，喜欢你的戏。

（4'）那场火呢，幸亏消防队来得快。

综合上述分析，我们认为话题是一个句子的出发点，即陈述的对象。

二、现代汉语中标记话题的介词

我们在介绍介词短语的句法位置时曾提到过，介词短语既可以位于句首，也可以位于句中充当状语或补语。其实，这里所说的"位于句首"就是作为话题。介词短语位于句首或位于句中，虽然语义差别不大，但在语用上是完全不同的。试比较：

（5）他们对于这个社会，永远心存感激。

（6）对于这个社会，他们永远心存感激。

（7）人们越来越关注食品安全问题了。

（8）对于食品安全问题，人们越来越关注了。

在例（5）中，话题和主语都是"他们"，介词短语"对于这个社会"做状语；在例（6）中，介词短语"对于这个社会"被移至句首充当话题，是已知信息，后续论述都是围绕这一话题展开的。相比例（7），例（8）使用介词"对于"将"食品安全问题"移至句首作为话题，使得句末的"越来越关注"成为焦点。由此可见，在信息结构上，介词短语位于句首和位于句中是存在差异的。在现代汉语中，除了"对于"，还有一些介词可以介引宾语标记话题，下面我们分组介绍。

第一组，对象类介词，主要包括"对""对于""至于""作为"等。例如：

（9）对城里来的老师，乡下的学生既好奇又害怕。

（10）对于王明当班长，我没有意见。

（11）他对电子产品异常钟爱，至于iPad，只要听说出来一种更新的，他马上就去买一台，手上用过的都没数了。

（12）作为科学家，我们遇事会多问几个"为什么"。

在例（9）中，"对"将本在句末焦点位置的"城里来的老师"提至句首充当话题，凸显语义焦点：学生的感受——"既好奇又害怕"。例（11）中的"至于"一般只能标记话题，用于话题转换。

第二组，范围类介词，主要包括"关于""就""论"等，用于介引与某人或某事有关系的话题，表示对话题范围的限定，后续内容就围绕这一话题展开。例如：

（13）关于重庆的气候，我是老早就有所耳闻的。

（14）就饮食，我还是更喜欢清淡的淮扬菜。

（15）论个头儿，麦克当仁不让地成为全班第一。

第三组，依据类介词，主要包括"按""按照""依照"等，表示对话题的限定。例如：

（16）按习俗，这里的女人把家务做得好好儿的才值得自己骄傲。

（17）按照老传统，春节差不多从腊月初就开始了。

（18）依照一般人情，生离死别是难过的事。

此外，一些介词框架也可以起到标记话题的作用，如"就……而言""对于……来说""从……看（来）""拿……而言"以及"在……上／方面"等。例如：

（19）就我而言，旅途遥远，要多备些食物。

（20）从一个女读者看来，仿佛只有女作家才能写得如此深入。

（21）在科学方面，我们总体上还落后于发达国家。

根据上述分析，我们来回答标题中提出的问题。在例（1）中，介词短语"对于这个问题"被移至句首充当话题，是已知信息，后续论述都是围绕这一话题展开的；在例（2）中，句子的话题是句首的主语"大家"，介词短语"对于这个问题"充当句中的状语，在信息传递上不作为话题，因此不是后续句陈述的对象。

19. "写/在黑板上"还是"写在/黑板上"？

请先看下面三个句子：

（1）老师每天把布置的作业写在黑板上。
（2）我要像蚕一样，把最后一根丝都吐出来献给人民。
（3）我们抱着烟花，在黄昏下走向河滩。

在上面三个例句中，"写在黑板上""献给人民""走向河滩"的短语类型如何界定一直存在争议。有人认为，"在黑板上""给人民""向河滩"是介词短语，在动词后充当补语；但也有人认为，"写在""献给""走向"相当于一个动词，而后面的"黑板上""人民""河滩"是动词的宾语。那么，为什么会产生这样的争议呢？

一、动宾短语说

持"动宾短语说"的理由如下：

第一，和趋向补语相似。试对比：

（4）放下书包——放在桌子上

在这两类结构中，动词后面的成分都趋向于读成轻声，表示动作的趋向，具有方向性。第二，"在"甚至可以省略不说。例如"放在桌子上"可以说成"放桌子上"。以上两条并不适用于介词"向""往""于"，因为这几个词一般出现在书面语中。第三，如果把"放在桌子上"分析成动补结构，而把"放桌子上"分析成动宾结构，那么就会出现不统一的现象，从而把简单的问题复杂化。

第四,"动词 + 在 / 给 / 到"这一类句法结构本身就具备动宾结构的一些特点。例如,如果加动态助词"了",需要添加在"动词 + 在 / 给 / 到"整个结构的后边,如"坐在了椅子上""送给了他""跑到了北京"。

二、动补短语说

持"动补短语说"的则认为,在动词后面充当补语的介词短语也可以在动词前面充当状语。例如:

(5)走向胜利→向胜利走

(6)飞往上海→往上海飞

从例(5)和例(6)中可以看出,介词短语无论位于动词前面还是动词后面,其语义是不变的,只是位置不同,所充当的句法成分不同。

三、对两种说法的评价

目前学界的主流看法还是将该类结构视为动宾短语。驳斥"动补短语说"的理由主要有以下几点:第一,并不是所有能充当补语的介词短语都可以前置到动词前,如"我们都陶醉在他的歌声里"并不能说成"我们都在他的歌声里陶醉"。其实,有些介词短语虽可以置于动词之前,但其表达的意思与置于动词之后不完全一样。如例(6),"飞往上海"强调的是目的地,而"往上海飞"强调的是动作的方式。第二,动词后面的"在""给""到""向""于""往""自"等与动词结合得非常紧密,具有附着性,与后面宾语的关系反而没有那样密切。语音停顿、插入成分只能出现在介词后,不可以出现在介词前。

其实,造成这种现象的主要原因是在现代汉语中,诸如"来自""飞往"这类"动词 + 介词"的跨层结构的词汇化还未完成,还处于中间状态,因此它们既可以看作一个"动词 + 介词"的跨层结构,也可以看作一个词。我们看以下四个例子:

(7)美国半数的博士,是出自15家最负盛名的大学研究院。

(8)她要把这生命献给世界,在这样一种深情的渴求中消耗掉自己。

(9)读他的作品,我们仿佛进入了"世外桃源",徜徉在"人间仙境"。

(10)蒸馏酒最早出现于汉代,禹王时代能有的只是发酵酒。

"自""给""在""于"一类介词附在动词之后，这样的用法源于古代汉语。这类词中有一部分与前面的动词结合得十分紧密，已经完成了词汇化的过程，如"来自""关于"和例（7）中的"出自"；而另一些则还处在词汇化过程中，如例（8）中的"献给"。但是，像例（9）和例（10）中的"徜徉在"和"出现于"，则是典型的介词后置于动词。

20. 有无介词一样吗？

在第16问中，我们谈了介词宾语的缺位现象。其实，在使用中，不仅宾语可以缺位，介词也存在缺位现象，也就是介词的省略。但是，介词并不是在任何情况下都能省略。那么，一个句子中什么样的介词可以省略呢？添加介词和不添加介词，句子又会有什么区别呢？本问我们将通过句法操作的手段，谈一谈介词省略与添加的句法后果。

一、介词的省略

一般来说，介词短语中的介词是不能省略的，尤其是那些虚化程度比较低，还保留了一些词汇意义或是具有动词、介词兼类用法的。但在以下几种情况中，介词是可以省略的。

第一，表示时间、空间的介词有时可以省略。例如：

（1）a. 在一个寒冷的夜晚，他离开了生活20年的山村。（表示时间）

　　b. 一个寒冷的夜晚，他离开了生活20年的山村。

（2）a. 在上海的街头，你常常会看到这样的景象。（表示空间）

　　b. 上海的街头，你常常会看到这样的景象。

一般来说，介词可以省略的介词短语常常位于句首，充当状语，如例（1b）和例（2b）。省略介词之后，原本的时间状语和处所状语的句法功能不变。如果这些时间状语和处所状语出现在句中动词之前或之后，那其中的介词不能随意省略。例如：

（3）a. 我出生在2005年。

　　　b. *我出生2005年。

（4）a. 我在中国学习汉语。

　　　b. *我中国学习汉语。

第二，对象类介词"对于"、范围类介词"关于""至于"等有时可以省略。例如：

（5）a. 对于健康、环保这些话题，人们的关注度越来越高。

　　　b. 健康、环保这些话题，人们的关注度越来越高。

（6）a. 关于这个问题，我暂时还不能回答你。

　　　b. 这个问题，我暂时还不能回答你。

（7）a. 至于考试嘛，你一定没问题的。

　　　b. 考试嘛，你一定没问题的。

这些介词的共同特点是：都能放在句首，所介引的宾语一般是全句的话题。介词用来确定话题的对象以及范围等，充当类似话题标记的角色，并没有实际的意义，因此可以省略。

第三，一些特殊结构中的介词有时可以省略。例如：

（8）a. 除了派出所的民警，老大爷对谁也不相信。

　　　b. 除了派出所的民警，老大爷谁也不相信。

（9）a. 迈克和什么人都能打成一片。

　　　b. 迈克什么人都能打成一片。

（10）a. 今天的演讲嘉宾是从北京来的。

　　　 b. 今天的演讲嘉宾是北京来的。

在上面三组例句中，例（8a）和例（9a）中的介词短语"对准"和"和什么人"出现在"任指＋都／也"这样的结构中，例（10a）中的"从北京来"出现在表示强调的"是……的"句结构中。值得注意的是，如果没有处在这样的特殊结构中，介词则不能随意省略。例如：

（8c）*老大爷他不相信。

（9c）*迈克大家打成一片。

（10c）*今天的演讲嘉宾北京来。

当然，现代汉语中还存在一些特殊的介词，如"把""被"，它们具有特殊的句法、语义功能，可以改变一般主谓宾句中成分的位置。如果要省略介词的话，那必须变换句式。例如：

（11）a. 我已经把你要的东西拿来了。

b. 我拿来了你要的东西。

（12）a. 钱包被小偷儿偷走了。

b. 小偷儿偷走了钱包。

二、介词的添加

介词短语的主要句法功能是充当状语和补语，因此添加介词可以把句中的其他句法成分转化为这两种成分。其他句法成分转化为状语的例子如：

（13）a. 这间老房子见证了这个家族的兴衰。

b. 从这间老房子，我们见证了这个家族的兴衰。

（14）a. 我很担心他们。

b. 我很为他们担心。

（15）a. 我询问过他们的看法。

b. 我向他们询问过看法。

例（13b）通过添加介词"从"，将主语转化为状语；例（14b）通过添加介词"为"，将宾语转化为状语，"向""对"等也有类似的用法；例（15b）通过添加介词"向"，将定语转化为状语。

其他句法成分转化为补语的例子如：

（16）a. 日本发生了严重的核泄漏事故。

b. 严重的核泄漏事故发生于日本。

（17）a. 1881年，鲁迅出生了。

b. 鲁迅出生在1881年。

例（16b）通过添加介词"于"，将主语转化为补语；例（17b）通过添加介词"在"，将状语转化为补语。

21. 什么是介词框架?

现代汉语中存在"像……一样"与"对……来说"一类的结构，它由一个前置的介词和一个后置词构成。陈昌来（2002）称其为"介词框架"，指介词在前，其他词语在后，介词所介引的对象被夹在中间而形成的一个框架；而刘丹青（2002）则从语言类型学的角度，遵循更为严格的标准，将其称为"框式介词"，即由前置词加后置词构成的、使介词支配的成分夹在中间的一种介词类型。我们暂时采用"介词框架"这一说法。本问我们将详细介绍介词框架的特点和组成。

一、介词框架的特点

综合各家的观点，我们认为在国际中文教学中，为了促进学生习得这类介词短语，我们应采用更为宽泛的标准界定介词框架。我们认为介词框架具有以下特点：

第一，从结构的组成成分看，介词框架由三部分构成：处于最前端的一般是一个前置的介词；中间部分是介词宾语；末尾是一个后置词，一般是连词、介词、助词以及方位词等。例如：为……而……（连词）、从……往……（介词）、为……起见（助词）、在……上（方位词）。

第二，在功能上，介词框架相当于一个介词，附带了介词宾语的介词框架一般主要在句中充当状语。

第三，介词框架内部结构松散，后置词并不是必须出现的。例如：

（1）a. 我们要为建设伟大的祖国而奋斗！
　　　b. 我们要为建设伟大的祖国奋斗！

二、介词框架的组成

1. 前置词

一般来说，介词框架中的前置词只能是介词。据王世群（2016）的考察，现代汉语介词框架中的前置介词有以下六大类：

第一，表对象的前置词：对、对于、拿、就、和、同、跟、与。

第二，表时空的前置词：

①处所类：在、于；

②方向类：往、向、临、奔（着）、朝（着）、冲（着）、对；

③起点类：由、自、打（从）、自打、从、自从；

④经由类：自、从、由、沿（着）、顺（着）；

⑤终点类：到、至。

第三，表方式依据的前置词：按、照、按照、依（照）、以、据、根据、凭（着）、通过、经过。

第四，表排除的前置词：除（了／开／去）。

第五，表目的的前置词：为（了）。

第六，表比况的前置词：像、好像、似、犹如、如同、仿佛。

2.后置词

介词框架中的后置词主要是方位词、助词、介词、连词、形容词等。

第一，方位词，主要包括"上""下""前""后""里""内""中""间""外""旁"，以及双音节的"之前""之后""以前""以后"等。它们一般与"在""从""自""到"等处所、起点、经由、终点类前置介词构成介词框架。

第二，助词，主要包括"似的""起见"等。其中，"似的"一般与"像"构成"像……似的"，"起见"一般与"为"构成"为……起见"。

第三，介词，主要是后置于介词"从"的"到""向""往"，构成"从……到……""从……向……""从……往……"。

第四，连词，主要指"而"。"而"一般与"为"构成介词框架"为……而……"。

第五，形容词，主要指"一样"。"一样"一般与"和／跟／与／同／像"构成"和／跟／与／同／像……一样"。

第六，除方位词外的其他名词，如"一起""时"等。"一起"一般与"和／

跟/与/同"构成"和/跟/与/同……一起","时"一般与"当"构成"当……时"。

第七，一些短语，如"来说（讲/看）""而言"等。"来说（讲/看）"一般与"对"构成"对……来说（讲/看）"，"而言"一般与"就"构成"就……而言"。

陈昌来（2002）认为，在各类介词框架中，后置词是方位词或其他名词的，介词处在外层，方位词或其他名词处在内层；相反，后置词是短语的，短语[陈昌来（2002）将"来说""看来"称为准助词]处在外层，介词处在内层。外层往往是自由的，内层往往是强制的。因此，前者介词可有可无，方位词或其他名词具有一定的强制性；后者介词是强制的，短语是自由的。

三、介词框架组成成分的省略

在实际使用中，介词框架的某些组成成分常常可以省略。

1. 前置词的省略

表示时间、处所的介词框架位于句首充当状语时，前置介词可以省略。例如：

（2）a. 在这三年中，这里发生了翻天覆地的变化。

b. 这三年中，这里发生了翻天覆地的变化。

（3）a. 从明年起，申请我校的国际学生必须提供HSK成绩。

b. 明年起，申请我校的国际学生必须提供HSK成绩。

（4）a. 在学校的大门前，我们遇到了在这里等候多时的陈老师。

b. 学校的大门前，我们遇到了在这里等候多时的陈老师。

（5）a. 在心理学史上，对这个问题有各种各样的争论。

b. 心理学史上，对这个问题有各种各样的争论。

当这类介词框架位于动词之后充当补语且动词含有"附着"义或"位移"义时，尤其是口语色彩比较浓时，前置词可以省略。例如：

（6）a. 一进家门，他一屁股坐在椅子上。

b. 一进家门，他一屁股坐椅子上。

（7）a. 小猴子跳在树上了。

　　　b. 小猴子跳树上了。

2. 后置词的省略

表示范围的介词框架"除了……以外"在使用时，后置词常常可以省略。例如：

（8）a. 除了北京以外，这次他们的中国之行还包括西安、苏州和上海。

　　　b. 除了北京，这次他们的中国之行还包括西安、苏州和上海。

表示比况的介词框架"像……一样"中的后置词常常省略，但"和/跟/与/同……一样"中的后置词则不能省略。例如：

（9）a. 得知火情，敌人像没头的苍蝇往外冲。

　　　b. *得知火情，敌人和没头的苍蝇往外冲。

表示对象的介词框架"对……来说（来讲/而言）"出现在"是"字判断句中或主语之后、动词之前时，后置词可以省略。例如：

（10）a. 对我们来说，胜利是一种必然。

　　　b. 对我们，胜利是一种必然。

（11）a. 它对我们来说既是机遇，又是挑战。

　　　b. 它对我们既是机遇，又是挑战。

表示目的的介词框架"为……起见"，当其介引的宾语是单独的形容词、名词时，后置词一般必须出现；在其他情况下，后置词可以省略。例如：

（12）a. 为全面起见，我特地走访了他的家庭。

　　　b. *为全面，我特地走访了他的家庭。

（13）a. 为得出全面的调查结果起见，我特地走访了他的家庭。

　　　b. 为得出全面的调查结果，我特地走访了他的家庭。

22. 介词框架有哪些内部层次和外部功能？

　　介词框架与短语类似，其内部组成成分比较松散，且具有结构层次性。那么，如何划分介词框架的内部句法层次？介词框架作为一个整体，其句法功能有哪些？

一、介词框架的内部层次

刘丹青（2002）提出，可以使用单用测试和并列测试两种办法测试介词框架的内部层次。第一，单用测试，即分别用前置介词和后置词与介词宾语组合，测试哪一种组合形成的短语可以单用。例如：

（1）从现在开始：*从现在、现在开始

（2）在书包里：*在书包、书包里

例（1）用单用测试法测试介词框架"从现在开始"，"从现在"不能单用，而"现在开始"可以单用；例（2）用同样的方法测试"在书包里"，"在书包"不能单用，而"书包里"可以单用。

第二，并列测试，即当宾语是两个并列的成分时，看两个前置介词和一个后置词能成句，还是一个前置介词和两个后置词能成句。例如：

（3）*从今天和从现在开始、从今天开始和现在开始

（4）*在书包和在课本里、在书包里和课本里

无论是单用测试还是并列测试，"现在""书包"都是先与后置词结合，再与前置词结合。

用上面所提到的方法，我们将介词框架的内部句法层次分为三类。

第一类，前置介词统辖式。在这类结构中，后置词和介词宾语的关系最为密切，二者组合成的短语可以单用；在此基础上，前置介词再与短语结合。表示时间、处所的介词框架都属于这种情况，如例（1）～（4）。

第二类，后置词统辖式。在这类结构中，前置词和介词宾语的关系最为密切，二者组合成的短语可以单用；在此基础上，后置词再与短语结合。表示对象、依据的介词框架都属于这种情况。例如：

（5）a. 对我们来说，今年是关键的一年。

b. 对我们／对我们和对他们来说，今年是关键的一年。

c. *我们来说／对我们来说和他们来说，今年是关键的一年。

（6）a. 根据当前的局势而言，我们还有机会。

b. 根据当前的局势／根据当前的局势和根据已有的经验而言，我们还

　　　　有机会。

　　　c.*当前的局势而言 / 根据当前的局势而言和已有的经验而言，我们还
　　　　有机会。

例（5）中的是表示对象的介词框架，例（6）中的是表示依据的介词框架。

第三类，双核心统辖式。对于这类结构，单用测试和并列测试都不能有效地对其进行分层。表示目的、加合与排除以及部分比况的介词框架都属于这种情况。例如：

（7）a. 为了安全起见，高空作业必须做好安全防护措施。

　　　b. 为了安全 / 安全起见，高空作业必须做好安全防护措施。

　　　c. 为了安全和为了保险起见 / 为了安全起见和保险起见，高空作业必须做好安全防护措施。

二、介词框架的主要句法功能

介词框架的句法功能与单个介词基本一致，主要是充当状语、补语以及定语，但不同类别的介词框架能够充当的句法成分有所不同。表22-1总结了一些常用介词框架的主要句法功能。

表22-1　常用介词框架的主要句法功能一览表（王世群，2016：45）

介词框架类别	句首状语	动词前状语	动词后补语
处所类	+	+	+
起讫类	+	+	+
时间类	+	+	+
排除类	+	+	－
比况类	－	+	－
关涉类	+	+	－
依据类	+	+	－
目的类	+	+	－

23. "顺着大路往北走"还是"往北顺着大路走"?

下面四个句子符合汉语语法规则吗?

（1）管理员和同学们说话在门口。
（2）我跟中国人用汉语聊天儿。
（3）我把妹妹在商店批评了一顿。
（4）你往北顺着大路走。

你可能会觉得这四个句子都不太符合汉语语感。其实，这四个句子中都包含了多项介词短语，问题就出在这些介词短语的排列顺序上。那么，多项介词短语在语序上有什么排列规则呢？周小兵（1995）认为，谓词前介词短语的排列顺序大致遵循以下六大规则：

第一，包容规则。语义范围决定介词短语的顺序。语义范围大的介词短语在前，语义范围小的在后。例如：

（5）从2021年起，在12月30日前必须完成每年的年度总结。
（6）列车往北向北京驶去了。

在例（5）中，"2021年"是一个相对较长的时间段，"12月30日"是一个相对较小的时间点，因此大时间在前，小时间在后；在例（6）中，"北"是一个相对较大的方向，而"北京"是一个相对较小的目的地，因此方向在目的地之前。

第二，时序规则。介词短语在句中的顺序依据其逻辑上发生的时间顺序，先发生的在前，后发生的在后。例如：

（7）李先生顺着楼梯往上爬。
（8）王教授以海外专家的身份被引进回国。
（9）法院根据相关法律规定对他进行了判决。

在例（7）中，"顺着楼梯"表示方式，"往上爬"表示动作，要按照一定的方式才能完成某种动作，因此方式在前，动作在后；在例（8）中，"海外专家的身份"是王教授"被引进回国"的依据，因此依据在前，行动在后；在例

（9）中，"相关法律规定"是"对他进行了判决"的依据，一般来说，先有依据，再有对象、受事。

第三，施受规则。几个介词短语共现时，总是包含施事的介词短语在前，包含受事及与事的介词短语在后。例如：

（10）他被老师把手机没收了。

（11）准考证由学校替你寄送。

施事在前，受事在后的规则其实与时序规则一致，因为一般是施事先发出动作行为，然后造成受事和与事的某种结果。在例（10）中，"被老师"包含施事"老师"，所以应该在前；"把手机"包含受事"手机"，所以应该在后。在例（11）中，"由学校"包含施事"学校"，所以应该在前；"替你"包含对象"你"，所以应该在后。

第四，属从规则。在几个介词短语中，与施事/受事在语义上越密切的，其在句法位置上就越靠近。

（12）a. 他在车上被小偷儿抢了钱包。

　　　b. 他被小偷儿在车上抢了钱包。

在例（12a）中，"他"被抢了钱包发生"在车上"，处所状语"在车上"与主语关系密切，而跟"小偷儿"关系不那么密切，因为"小偷儿"可能在车上，也可能在车外面，因此介词短语"在车上"紧跟在"他"的后面；在例（12b）中，"在车上"表示行为发生时"小偷儿"的所在地，跟主语"他"关系不那么密切，因为"他"可能在车上，也可能没在车上，因此介词短语"在车上"要紧跟在"小偷儿"后面。

第五，音节规则。音节长的介词短语倾向于放在前面，音节短的倾向于放在后面。例如：

（13）a. 奶奶把用许多层布仔仔细细包裹着的银镯子从箱子里拿了出来。

　　　b. 明明爬到梯子上，从被树叶层层遮挡的空隙中把卡着的球够了下来。

例（13a）中的"把"字短语放在了"从"字短语前面，例（13b）则相反，但二者都是将音节长的介词短语放在了前面，使音节短的介词短语尽可能靠近动词，以减少整句的遗忘率，提高信息加工的效率。另外，三个介词短语连用时，我们倾向于把两个音节长短相似的放在一起。例如：

（14）同学们顺着大路从南往北走。

第六，语用规则。为了符合由旧信息向新信息过渡的信息结构规则，几个介词短语共现时，旧信息在前，新信息在后。在上下文中，这一规则的约束性往往强于其他规则。例如：

（15）梁老师：王老师，您还在看试卷呢？早就过了下班的点儿了。

　　　王老师：我想把刚收上来的试卷在办公室都改好，就不带回去了。

在例（15）中，"办公室"是处所，"刚收上来的试卷"是受事。按照时序规则，必须先在办公室，才能改试卷；但是，根据对话，"试卷"是旧信息，梁老师认为现在应该下班了，王老师却想在办公室把试卷批阅完，对梁老师来说，"在办公室"是新信息。因此，这里的语用规则打破了已有的时序规则。

对于两个以上的介词短语来说，其排列的顺序可能遵循多项规则。例如"在体育场里向北往前走"，"体育场"是较大的范围，这里放在最前面遵循了包容规则，而"向北往前"则遵循了时序规则。

现在我们再来看一下开头的四个句子。在例（1）中，根据时序规则，"在门口"应位于"和同学们"之前；在例（2）中，根据属从规则和施受规则，工具一般在前，方向、目标、对象一般在后，较地道的说法应该是"用汉语跟中国人聊天儿"；例（3）根据时序规则和属从规则，"在商店"应该位于"把妹妹"之前；而例（4）根据时序规则，"顺着大路"应该在"往北"之前。四个句子的正确说法分别为：

（1'）管理员在门口和同学们说话。

（2'）我用汉语跟中国人聊天儿。

（3'）我在商店把妹妹批评了一顿。

（4'）你顺着大路往北走。

24. "在……里"中的"在"和"里"什么时候可以省略?

请先看下面三个句子:

(1) a. 在教室里正上着听力课呢。

　　b. 教室里正上着听力课呢。

　　c. 在教室正上着听力课呢。

从上面一组句子可以看出,与英语等其他语言不同,汉语在表达处所概念时,介词和方位词并不一定是必需的,很多时候可以省略;但是,有时介词和方位词必须出现。例如:

(2) a. 很多美好的记忆都消失在遗忘里。

　　b. *很多美好的记忆都消失遗忘里。

(3) a. 我的书都在书包里。

　　b. *我的书都在书包。

本问我们来讨论一下介词框架"在……里"中的介词"在"和方位词"里"的省略条件。

一、"在"的省略

"在"出现在以下三种情况中可以省略:第一,当"在……里"用于存现句句首且谓语由体词性词语或"有""是"等动词充当时,介词"在"可以省略。例如:

(4) 工厂里一片萧条。

(5) 果园里满树黄澄澄的橙子。

(6) 爷爷家的院子里有一片小菜园。

(7) 袋子里是刚出炉的面包。

第二,当"在……里"用于句首,谓语是形容词性短语且用以描写主语的性质或状态时,介词"在"可以省略。例如:

（8）屋里真凉快！

（9）教室里静悄悄的。

第三，当"在……里"表示时间且介词宾语是表示动作或事件发生的时间段的时间词时，"在"一般可以省略。例如：

（10）这几个月里，大家初步了解了生物学这一学科。

"在……里"表示处所或方位时，"在"的隐现相对比较自由。例如：

（11）（在）派出所里，嫌疑人交代了具体的作案经过。

（12）（在）公园里，老人们跳着广场舞。

二、"里"的省略

在介词框架"在……里"中，方位词"里"的作用是表示主语和介词宾语的位置关系。介词宾语的语义性质和音节数量都可能影响"里"的省略。

1. 介词宾语的语义性质对"里"的省略的影响

陈昌来（2014）将可以进入"在……里"结构中的名词分为三类：

第一，事物名词，如"杯子""院子""湖""山""队""书架""桌子""火车"。

第二，处所通名，如"学校""工厂""办公室""医院""厨房""电影院"；还有一类是"名称+处所通名"，如"西安城""友谊宾馆""黄梅公园"。

第三，处所专名，如"上海""中国""新加坡""纽约""达沃斯"。

这三类名词的语义属性可归纳如下：

事物名词：[＋空间]、[＋事物]、[－方所]

处所通名：[＋空间]、[＋事物]、[＋方所]

处所专名：[＋空间]、[－事物]、[＋方所]

在方所性上，处所专名＞处所通名＞事物名词。随着方所性的由强变弱，它们与处所介词（如"在"）的结合能力也由强变弱；在表达空间方位时，它们与"里"结合的要求就越来越强烈。事物名词必须带"里"，处所通名可以省略"里"，处所专名一般不能带"里"。例如：

（13）刚沏好的龙井在杯子里。

（14）在北京城（里），谁不知道我们白家啊？

（15）*在中国里，有14亿人口。

2. 介词宾语的音节数量对"里"的省略的影响

一般来说，如果介词宾语是单音词，"里"不能省略。例如：

（16）在厂里，王厂长具有极高的威信。

（17）*在厂，王厂长具有极高的威信。

但是，如果介词宾语是双音词或双音节以上的词语，"里"可以省略。例如：

（18）在工厂，王厂长具有极高的威信。

（19）在北京服装厂，王厂长具有极高的威信。

综上，我们可以将"在……里"中介词"在"和方位词"里"的省略条件归纳为表24-1。

表24-1　"在……里"中介词"在"和方位词"里"的省略条件

省略项目	省略条件
在	用于存现句句首，且谓语由体词性词语或"有""是"等动词充当；用于句首，谓语是形容词性短语且用以描写主语的性质或状态；表示时间且介词宾语是表示动作或事件发生的时间段的时间词
里	介词宾语是处所名词；介词宾语是双音词或双音节以上的词语

第三部分　易混淆介词辨析

25. "老师对我说"还是"老师对于我说"？

汉语介词是一个相对封闭的类，但内部较为复杂。对第二语言学习者来说，正确习得介词的前提是了解每个介词的意义与用法，特别是弄清一些词形或意义相近但用法不同的介词，明确多义介词每个义项的正确使用方法，以及正确地辨析易混淆介词。从本问开始，我们将对学习者易混淆的介词进行辨析，帮助学习者提升介词的习得效率。

下面两个句子是留学生作文中的，你认为这两句话对吗？

（1）对他的帮助，我会永远记在心里。

（2）爷爷常常对于我说一些生活的道理。

其实，这两个句子都是不正确的。"对"和"对于"意义相近，有时可以互换。那么，它们什么时候可以互换？什么时候不能互换呢？

一、"对"和"对于"的相同之处

第一，句法上的相同之处。"对"和"对于"作为介词，后面紧跟的介词宾语一般是名词或名词性短语，所构成的介词短语一般充当状语，因此既可以出现在句首，也可以出现在句中主语之后。例如：

（3）对/对于中风急症，尤其是脑出血病变，我们一般都送医院抢救。

（4）每个人对/对于"好看"的标准千差万别。

有时，介词宾语的中心语可以是一个动词，但整个结构仍然是名词性的。例如：

（5）对/对于你们的光临，我表示热烈的欢迎。

（6）对/对于他的不幸去世，我们都感到很悲痛、很惋惜。

第二，语义上的相同之处。在语义上，"对"和"对于"所介引的宾语一般都是受事成分，是句中谓词性结构表示的动作或行为的对象。例如：

（7）他们三个人对/对于七年前的事情完全不记得了。

（8）对/对于他的付出，她始终无法偿还。

第三，语用上的相同之处。"对"和"对于"所介引的宾语比较短时，其后常添加一些成分，构成"对/对于……来说（说来）""对/对于……来讲""对/对于……而言"之类的介词框架。例如：

（9）对于五岁的小孩儿来说，我的名字实在是太难写了。

（10）对于大学毕业生来讲，这是一份十分有吸引力的工作。

（11）很多时候，孩子只不过想说你觉得不太要紧的事，但对他们而言，却是重要的。

在语用上，"对"和"对于"都具有标记话题的功能，可位于句首使讨论的话题更为凸显。例如：

（12）对这些知识点，我们在教学上要特别注意理论与实践的结合。

（13）对于这些建议，领导们非常重视。

二、"对"和"对于"的不同之处

第一，句法上的不同之处。句中有能愿动词时，能愿动词之后一般更倾向于使用"对"。例如：

（14）他必须对伤害做出弥补。

（15）乙级联赛可能对全国99%的球迷没有任何吸引力。

但是，如果将整个介词短语置于句首，那这时更倾向于使用"对于"。例如：

（14'）对于伤害，他必须做出弥补。

（15'）对于全国99%的球迷，乙级联赛可能没有任何吸引力。

第二，语义上的不同之处。"对"有动词的用法，表示"对待""朝向"的意思，如"对事不对人""大门对着马路"。"对"处于动词向介词虚化的过程中，动词用法和介词用法兼有；而"对于"已完成虚化过程，并没有动词用法。因此，"对"比"对于"用法更丰富。以下两种情况中二者不能互换，只能用"对"。

a. 表示动作的对象；还可以引出动作或行为的目标或方向，表示"朝""向"的意思。例如：

（16）她大声对他说，叫他不必去了。（动作的对象）

（17）母亲一直没有机会向他淌眼抹泪的，想不到父亲却对他哭了！（动作的方向，朝）

b. 位于主语之后表示对待，后面可以跟表人或对象的名词、代词以及相关短语。例如：

（18）外国同学都对我很友好。

（19）她对逆境有了这种心理准备，便获得了战胜它的精神力量。

但是，如果介词宾语放在主语之前，用"对于"又是可以的。例如：

（18'）对于我，外国同学都很友好。

（19'）对于逆境，她有了这种心理准备，便获得了战胜它的精神力量。

第三，语用上的不同之处。"对于"后接名词性成分做定语的定中结构可以做公文标题，而"对"没有这种用法。例如：

（20）对于群众意见的回复

（21）对于《物权法》草案的意见

现在我们再来看一下开头的两个句子，正确的说法应该是：

（1'）对于他的帮助，我会永远记在心里。

（2'）爷爷常常对我说一些生活的道理。

综上，我们将介词"对"和"对于"的异同归纳为表25-1。

表25-1 介词"对"和"对于"的比较

比较项目	相同点	不同点	
		对	对于
句法	所构成的介词短语可用于句首以及句中主语之后	所构成的介词短语可用在能愿动词之后的状语位置上	句中有能愿动词时，所构成的介词短语须置于句首

（续表）

比较项目	相同点	不同点	
		对	对于
语义	所介引的宾语一般都是受事	可以表示动作的对象，引出动作或行为的目标或方向；可以表示对待	—
语用	可以构成"对于/对……来说""对于/对……来讲""对于/对……而言"等介词框架；可位于句首，标记话题	—	可用于公文标题

26. "根据报道"还是"按照报道"？

下面这两个句子出自留学生的作文，你觉得这两句话正确吗？

（1）按照他的打扮，我觉得他应该是一个白领。

（2）按照《纽约时报》的报道，预计总统将下达命令，加速制订经济计划。

其实，这两个句子都是不正确的。在本问中，我们将系统地比较一下介词"根据"和"按照"。

一、"根据"和"按照"的相同之处

在句法上，"根据"和"按照"作为介词，后面所跟的宾语种类比较丰富，既可以由单个体词或体词性短语充当，也可以由单个谓词或谓词性短语充当。例如：

（3）根据新宪法草案，缅甸国名将为缅甸联邦共和国，首都为内比都。

（4）按照中国的农历，七、八、九三个月是秋季，八月十五在中间，所以叫"中秋节"。

（5）根据规划，2030年全国高等教育水平以上的人口将达到2.5亿左右。

（6）按照规划，10年后这里将建成一个现代高等教育园区。

在例（3）和例（4）中，"根据"和"按照"后面所跟的宾语都是偏正式名词短语，属于体词性短语；在例（5）和例（6）中，"根据"和"按照"后面所跟的宾语"规划"为动词，属于谓词性词语。在大部分情况下，"根据"和"按照"所构成的介词短语都位于句首。

吕叔湘（1999）在《现代汉语八百词》中将"根据"解释为"表示以某种事物或动作为前提或基础"，将"按照"解释为"表示遵从某种标准"，二者在语义上的共同点为都表示动作行为所遵循的依据。例如：

（7）儿童剧《新葫芦兄弟》根据上海美术电影制片厂的知名动画片改编。

（8）按照协议的规定，您应该马上归还我借款。

二、"根据"和"按照"的不同之处

在语义上，"根据"介引的宾语一般是前提或基础，后面的内容一般是根据这一前提或基础得出的推论；钱坤、赵春利（2021）将"按照"介引的宾语的语义分为"实际情况""惯常模式""共同约定""明确目标"四类，这些都属于参照的标准，后面的内容一般是按照这一标准所得出的结论。"前提或基础"既可以是主观的也可以是客观的，而"标准"是相对客观的，二者之间略有差异。试比较：

（9）a. 根据去年的数据估计，今年的GDP增长目标仅为7%。

　　b.？按照去年的数据估计，今年的GDP增长目标仅为7%。

（10）a. 按照2015年的数据来看，中国仍是英国增长最快的旅游市场之一。

　　 b. 根据2015年的数据来看，中国仍是英国增长最快的旅游市场之一。

在例（9a）中，说话人根据"去年的数据"做出了"估计"，这是一种主观的推断，换成"按照"后可接受度降低。此外，语料中还常常见到"根据……的估计""根据……的测算"这一类结构。而在例（10a）中，说话人按照"2015年的数据"进行解读，发现"中国仍是英国增长最快的旅游市场之一"，这一结论完全是从客观的数据中得到的，并不包含说话人的主观推断，因此倾向于使用"按照"，但换成"根据"也说得通。

基于二者的这一区别，"根据"和"按照"介引的宾语类型也略有差异。一一般而言，"按照"介引的宾语更倾向于是法律法规、客观规律、世界知识等；而"根据"介引的宾语则灵活很多，不仅可以是法律法规、客观规律、世界知识，也可以是根据规律推导出的带有个人主观判断和经验的结论。例如：

（11）按照价值规律，商品供不应求时，价格就要高于价值。

（12）根据价值规律和市场需求，及时调整产品结构。

（13）根据个人经验，年轻的时候不愿意恋爱，应该都是心里藏着一个不可能的人吧。

（14）根据我对你的初步了解，你不是一个生活有规律的孩子。

在搭配上，引述信息来源时，我们常常可以看到"（根）据……的了解""（根）据……的报道"等固定用法，而"按照"则没有这类用法。例如：

（15）根据现场目击者的叙述和官方的报道，我们才有可能把发生的许多事情串联起来。

（16）根据我对她的了解，她一定会对你的支持表示感谢的。

通过以上分析，我们可以知道在开头的两个句子中，"按照"的使用都是不正确的，都应该改为"根据"。

（1'）根据他的打扮，我觉得他应该是一个白领。

（2'）根据《纽约时报》的报道，预计总统将下达命令，加速制订经济计划。

综上，我们将介词"根据"和"按照"的异同归纳为表26-1。

表26-1 介词"根据"和"按照"的比较

比较项目	相同点	不同点	
		根据	按照
句法	可以后接体词/谓词性词语	有"根据……的估计""根据……的测算""根据……的了解""根据……的报道"等固定搭配	—
语义	可以表示动作行为所遵循的依据	介引的宾语可以是主观的，也可以是客观的	介引的宾语相对客观，如法律法规、客观规律、世界知识等

27. "我对王明借了一本书"还是
"我向王明借了一本书"?

请看下面三个句子,想一想:这三个句子都正确吗?句中的"对"和"向"可以互换吗?

(1)我向他招手,示意他过来。

(2)佳明利用寒假,好好儿对师父学习武术。

(3)小男孩儿对楼上走去。

一、"对"和"向"的相同之处

在语义上,介词"对"和"向"都可以介引动作指向的对象,这时二者可以替换使用。例如:

(4)他正对我微笑。

(5)他正向我微笑。

介引动作指向的对象时,"对"和"向"介引的宾语之后的动词一般都是表示肢体动作或情感的,如"打(招呼)""点头""招手""发(脾气)"等。例如:

(6)白灵大老远就向/对我们招手。

(7)李大妈这几天总是向/对老伴儿发脾气。

二、"对"和"向"的不同之处

1. 句法上的不同

在句法上,"对"和"向"主要有三点不同。第一,"对"可以介引动词的受事做宾语,且整个介词短语可以置于句首,而"向"没有这种用法。例如:

(8)对你们取得的成绩,老师们表示满意。

(9)对成绩差的同学,我们应该给予帮助。

第二,"向"构成的介词短语可以用于动词之后充当补语,而"对"没有这种用法。例如:

（10）师傅将他严厉的目光投向我，我惊出一身冷汗。

（11）长江奔流不息，流向大海。

第三，"对"可以构成一些固定的介词框架，如"对……来说""对……来讲"等，而"向"不可以。例如：

（12）对小镇上的孩子来说，能去一趟城里就算见了大世面了。

2. 语义上的不同

在语义上，"对"和"向"同样有三点不同。第一，"对"的介词用法由动词虚化而来，因此或多或少地保留了动词的"对待"义，而这是"向"所不具备的；"向"的介词用法也由动词虚化而来，也或多或少地保留了动词的"朝向"义，而这是"对"所不具备的。例如：

（13）王老师对工作认真负责，对学生关爱有加。

（14）小李总是对人很热情。

（15）孩子们向我们走来。

（16）屋檐微微向上翘起，显得很有特色。

第二，"向"的"朝向"义可进一步引申为"目标"义，"对"没有这种意义。例如：

（17）我们要向科学高峰不断攀登。

（18）中国正向农业强国的目标前进。

第三，"向"介引的宾语还可以表示句中动词宾语运动轨迹的起点，"对"介引的宾语没有这种意义。例如：

（19）孙琪向邻居借了点儿钱就过来了。

（20）要想出校门必须向班主任请假。

例（19）中的动词宾语为"钱"，动作为"借钱"，"钱"是从"邻居"处向主语"孙琪"处运动，"向"介引的宾语"邻居"表示动词宾语"钱"的运动轨迹起点；同理，在例（20）中，"班主任"批假，学生才能请到假，因此"向"介引的宾语"班主任"表示动词宾语"假"的运动轨迹起点。

3. 语用上的不同

第一，"对"介引动词受事做宾语位于句首时，宾语往往是全句的话题，如例（8）、例（9）所示，而"向"没有标记话题的功能。第二，"对""向"介引宾语后搭配的言说类动词有所不同，如"对我说""对我讲""对我撒谎"中一般用"对"，"向她道歉""向我们汇报""向老师提出"中一般用"向"，而动词"解释""发誓""抱怨"前用"对"和"向"都可以。

现在我们再来看一下开头的三个句子。例（1）中的动词"招手"是表示肢体动作的，介词可以用"对"，也可以用"向"；例（2）中的"师父"是动词宾语"武术"的运动轨迹起点，介词应该用"向"；例（3）中的介词表达"朝向"的意思，也应该用"向"。正确的说法应该是：

（1'）我向/对他招手，示意他过来。

（2'）佳明利用寒假，好好儿向师父学习武术。

（3'）小男孩儿向楼上走去。

综上，我们将介词"对"和"向"的异同归纳为表27-1。

表27-1 介词"对"和"向"的比较

比较项目	相同点	不同点	
		对	向
句法	宾语之后的动词一般都是表达肢体动作或情感的	可以介引受事宾语，且介词短语可以置于句首	—
		—	所构成的介词短语可用于动词之后充当补语
		可以构成"对……来说""对……来讲"等介词框架	—
语义	可以介引动作指向的对象	可以表示"对待"义	可以表示"朝向""目标"义
		—	介引的宾语可以表示句中动词宾语运动轨迹的起点
语用	—	可以标记话题	—
		可以形成"对我说""对我讲""对我撒谎"等习惯搭配	可以形成"向她道歉""向我们汇报""向老师提出"等习惯搭配

28. "通过思考"还是"经过思考"？

"通过"和"经过"在句法、语义和用法上有很多共同之处。作为介词，二者在多数情况下可以互换。例如：

（1）a. 通过思考，我们对经济发展与环境保护之间的关系有了全新的认识。

b. 经过思考，我们对经济发展与环境保护之间的关系有了全新的认识。

那么，二者在任何时候都能互换吗？

一、"通过"和"经过"的相同之处

1. 句法上的相同之处

在句法上，二者的相同之处有二。第一，"通过"和"经过"构成的介词短语既可以位于句首主语前，也可以位于主语后、动词前。例如：

（2）a. 通过调查，老师了解了他家的具体情况。

b. 老师通过调查了解了他家的具体情况。

（3）a. 经过调查，老师了解了他家的具体情况。

b. 老师经过调查了解了他家的具体情况。

第二，"通过"和"经过"都不能介引单音节动词做宾语，必须介引双音节动词。例如：

（4）a. *通过看，他发现了骗子的伎俩。

b. 通过观察，他发现了骗子的伎俩。

（5）a. *经过一番问，我才知道了新规定的内容。

b. 经过一番询问，我才知道了新规定的内容。

2. 语义上的相同之处

"通过"和"经过"在语义上都可以表示通过某种途径、方式或手段达到某种目的，同时还可以表示过程。此时，二者可以通用。例如：

（6）a. 通过老师的耐心教导，他认识到了自己的错误。

b. 经过老师的耐心教导，他认识到了自己的错误。

（7）a.通过当地人的指引，我才找到艺圃。

　　b.经过当地人的指引，我才找到艺圃。

无论是例（6）中的"老师的耐心教导"，还是例（7）中的"当地人的指引"，都既表示一种方式，又表示一种过程，所以句中介词既可以用"通过"，也可以用"经过"。

二、"通过"和"经过"的不同之处

1.语义上的不同之处

在语义上，"通过"和"经过"的不同之处有二。第一，"通过"介引的宾语既可以指人，也可以指物，而"经过"不可以。例如：

（8）a.通过张医生，我了解到了心脏病的最新治疗方法。

　　b.*经过张医生，我了解到了心脏病的最新治疗方法。

（9）a.通过书籍，山里的孩子了解到了外面的世界。

　　b.*经过书籍，山里的孩子了解到了外面的世界。

第二，"通过"更强调采用的途径、方法或手段，"经过"则更强调一个已经完成的过程。所以，例（8）和例（9）中的"通过"都不能替换为"经过"。再如：

（10）a.通过麦克，我们知道了他室友的近况。

　　b.*经过麦克，我们知道了他室友的近况。

（11）a.经过20个小时的长途跋涉，我们从黑龙江到达了海南。

　　b.*通过20个小时的长途跋涉，我们从黑龙江到达了海南。

例（10）中的"麦克"更加强调的是途径而非过程，因此介词只能用"通过"，不能使用"经过"；例（11）中的"20个小时的长途跋涉"更加强调的是过程，因此介词只能用"经过"，不能使用"通过"。

2.语篇上的不同之处

在语篇上，"通过"和"经过"的后续句是不一样的。"通过"更加强调为了达到某种目的而采取的手段，因此其后续句既可以表示某种目的，也可以表示某种结果；"经过"更加强调经历了一个过程而产生了相应的结果，因此其后续句一般总是表示相应结果的。例如：

（12）a. 同学们通过互联网来了解世界新闻。（表示目的）

b. 同学们通过互联网，了解了世界新闻。（表示结果）

c. 同学们经过使用互联网浏览搜索，了解了世界新闻。（表示结果）

综上，我们将介词"通过"和"经过"的异同归纳为表28-1。

表28-1 介词"通过"和"经过"的比较

比较项目	相同点	不同点	
		通过	经过
句法	所构成的介词短语可以位于主语前后	—	—
	所介引的动词必须为双音节动词		
语义	可以表示通过某种途径、方式或手段达到某种目的，同时还可以表示过程	介词宾语可以指人，也可以指物	—
		更强调采用的途径、方法或手段	更强调一个已经完成的过程
语篇	—	后续句可以表示目的和结果	后续句总是表示结果

29. "从我做起"还是"自从我做起"？

"从"和"自从"不仅在形式上相似，而且在意义上也有共同之处。例如：

（1）从/自从来到中国，我就爱上了这里的一切。

但是，有时二者却不能互换。例如：

（2）小猴子从/*自从树上跳下来。

（3）从/*自从说话的声音，他听出来应该是王老师。

那么，二者何时不能互换呢？

一、"从"和"自从"的相同之处

1. 句法上的相同之处

在句法上,介词"从"和"自从"都可以介引名词性或动词性成分构成介词短语,并在句首或句中充当状语。例如:

（4）从考上大学那年,他就离开了故乡。

（5）警察迅速从外面冲了进来。

（6）他自从2000年就再也没回来过。

（7）自从开始放假,每天都是周末。

2. 语义上的相同之处

在语义上,介词"从"和"自从"介引的时间宾语都表示过去。例如:

（8）我们公司从2015年创立之后一直发展迅速。

（9）自从那时候起,两国就建立了密切的联系。

二、"从"和"自从"的不同之处

1. 句法上的不同之处

在句法上,介词"从"可以构成介词框架"从……到/至……","自从"没有这种用法。例如:

（10）从1995年3月22日到1996年3月22日的一年里,张教授在美国访学。

（11）从2022年3月31日0时至24时,油价将上调0.1元/升。

2. 语义上的不同之处

在语义上,"从"和"自从"有两点不同。第一,"从"除了构成介词短语表示时间外,还可以表示地点、空间的起点,但"自从"没有这种用法。例如:

（12）a. 雌鱼产卵后从第二个门口游出,而雄鱼从第一个口进去给卵授精。

b. *雌鱼产卵后自从第二个门口游出,而雄鱼自从第一个口进去给卵授精。

（13）a. 包子铺老板娘麻利地从蒸笼里取出一个个刚蒸好的大肉包。

b. *包子铺老板娘麻利地自从蒸笼里取出一个个刚蒸好的大肉包。

第二，"从"构成的介词短语可以表示事情的缘由或依据，此时整个介词短语多位于主语前，"自从"没有这种用法。例如：

（14）a. 从另一个角度看，你的想法还是有见地的。

　　　b. *自从另一个角度看，你的想法还是有见地的。

3. 语用上的不同之处

在语用上，"从"在书面语和口语中均常用，而"自从"多用于书面语。例如：

（15）自从1851年第一届世博会在伦敦举办以来，参观者们在世界博览会上聆听到了未来的脚步，也感受到了人类社会的进步。

这里的"自从"如果用"从"代替，就会显得不正式。

现在我们回头看一下例（2）和例（3）。例（2）中的"树上"表示地点、空间的起点，因此介词只能用"从"；例（3）中的"说话的声音"表示推断的依据、缘由，所以介词也只能用"从"。

综上，我们将介词"从"和"自从"的异同归纳为表29-1。

表29-1　介词"从"和"自从"的比较

比较项目	相同点	不同点	
		从	自从
句法	可以构成介词短语位于句首或句中做状语	可以构成介词框架"从……到/至……"	—
语义	可以介引表示过去的时间宾语	可以表示地点、空间的起点	—
		构成的介词短语可以表示事情的缘由或依据	—
语用	—	通用体，可以用于书面语和口语	多用于书面语

30. "照片发对我"还是"照片发给我"？

请看下面四个句子。空格处应该用"对"还是"给"呢？

（1）班长已经把照片发_____我了。

（2）山本_____长辈很有礼貌。

（3）你_____这个现象有什么看法吗？

（4）学生们恭恭敬敬地_____老师行了个礼。

在多数情况下，这两个介词的用法差异较大，但是学习者却常常会误用。本问我们就将对这两个介词的用法进行说明和对比。

一、"对"的用法

介词"对"的用法主要包括三个方面。第一，表示"面对"。这时，"对"介引的宾语表示动作的朝向，可以是人，也可以是物。整个介词短语修饰动作动词，如"笑""哭""摇头""招手""点头"等。例如：

（5）他对我笑了笑。

（6）老师对皮特直摇头。

除了动作动词，言说类动词和动词性短语也可以成为"对"所构成的介词短语修饰的对象，表示发出—接收信息的关系，如"说""诉说""倾诉""喊""叫""解释""进行表扬""表达批评""表示感谢"等。例如：

（7）爱丽常常对朋友倾诉她的心声。

（8）老师对他们的行为进行了表扬。

第二，表示"对待"。这时，介词短语修饰的谓词表达一种情感上的态度。谓词可以是形容词，也可以是动词。形容词如"积极""热情""友好""友善""诚恳""和蔼""耐心""冷淡""严厉""疏远"等，动词如"担心""怀疑""尊重""信任""欣赏""疼爱""关心""爱护""重视""失望"等。例如：

（9）宿舍管理员对每一位同学都很和蔼。

（10）经理对小王十分欣赏。

除了表达情感上的态度，介词短语修饰的谓词也可以是中性动作动词，如"调查""研究""检查""讨论""补充""宣传""总结""描述""明白""了解""清楚"等；积极性动作动词，如"完善""帮助""保护""教育""赞同"等；消极性动作动词，如"破坏""批评""控诉""反对"等。例如：

（11）实验室正在对芯片技术进行研究。

（12）我们还需要对这一理论进行完善。

（13）领导对他的行为进行了批评。

需要注意的是，表示"面对"时，介词短语修饰的言说类动词一般指面对面的动作；但表示"对待"时，不一定指面对面的动作，如例（13）中的"批评"可能是当面批评，也可能是书面批评。

第三，表示"关涉"。这时，介词宾语通常指人，整个介词短语表达站在某人的立场或角度。例如：

（14）对我来说，读书是一件快乐的事。

（15）济南的冬天对我来说是温情的。

二、"给"的用法

介词"给"的用法主要包括五个方面。第一，表示"给予"。这时，"给"介引的宾语表示动作的接受者。整个介词短语修饰的动词有"买""借""租""偷""抢""拿""寄""发""传"等。例如：

（16）我给你租了一套房子。

（17）爸爸给我寄了一个包裹。

第二，表示"抽象的给予"，即提供某种服务。这时，"给"介引的宾语表示动作的受益者。整个介词短语修饰的动词性短语表示采取行动，惠及介词宾语表示的人或事物。动词性短语如"修电脑""看病""辅导功课""洗衣服"等。例如：

（18）凯恩常常给同学们修电脑。

（19）秀成正在给弟弟辅导功课。

第三，表示"对待""方向"。这时，"给"介引的宾语表示动作指向的对象。整个介词短语修饰的动词如"敬礼""鞠躬""解释""说明""交代""反映""总结""描述"等。例如：

（20）请你给我们解释一下这个概念。

（21）孩子们给国旗敬了一个礼。

第四，表示"被动"。这时，"给"介引的宾语表示施事，"给"相当于"被""叫""让"。例如：

（22）雨伞给同屋拿走了。

（23）手机给小偷儿偷走了。

第五，表示"命令"。一般用在"给我+动词性短语"这一结构中，在口语中表达命令、警告、威胁等强烈的语气。例如：

（24）给我把房间收拾干净。

（25）你给我注意一点儿。

三、"对"和"给"的不同之处

从以上分析中我们可以看出，作为多义介词，"对"和"给"的差异还是很大的，大部分情况下二者不能互换；仅在表示"对待"义且后接的谓语动词表示动作或言说时，二者可以互换。例如：

（26）a. 孩子们对军人敬了一个礼。

　　　b. 孩子们给军人敬了一个礼。

（27）a. 请你对我们解释一下这个概念。

　　　b. 请你给我们解释一下这个概念。

从上述两组例句中我们可以看到，虽然二者可以互换，但互换后的句子是存在一些差异的。介词"对"表示"对待"时，其介引的宾语更多地表示动作的朝向；而介词"给"表示"对待"时，其介引的宾语更多地表示动作的接受者，含有受益的意味。

虽然"对"和"给"的差异比较大，但在汉语二语学习中，二者的误用却频繁出现，一个主要原因是教材或教师在讲解时常常会采用英译的方式。介词"对"和"给"的英文释义均为"to/for"，相同的英文释义会严重误导学生对这两个词的理解和使用，让学生认为介词"对"和"给"可以替换使用。因此，教师在讲解这两个介词时一定要注意区分二者并采用一定的练习加以巩固，减少偏误的出现。

现在我们再来看一下开头的四道练习，它们的正确答案应该是：

（1'）班长已经把照片发给我了。

（2'）山本对长辈很有礼貌。

（3'）你对这个现象有什么看法吗？

（4'）学生们恭恭敬敬地对/给老师行了个礼。

在例（1）中，介词表示"给予"，应该用"给"。在例（2）中，介词表示具体地"对待"某个人，且介词短语修饰的谓词"有礼貌"表达一种情感上的态度，应该用"对"。在例（3）中，介词表示"关涉"，应该用"对"。在例（4）中，介词可以表示"对待"，强调动作的朝向，这时应该用"对"；也可以强调动作的接受者、受益者，这时应该用"给"。

综上，我们将介词"对"和"给"的用法归纳为表30-1。

表30-1　介词"对"和"给"的用法

比较介词	具体用法
对	表示"面对"； 表示"对待"； 表示"关涉"
给	表示"给予"； 表示"抽象的给予"，即提供某种服务； 表示"对待""方向"； 表示"被动"； 表示"命令"

31. "为他买份早点"还是"为了他买份早点"？

下面两个句子符合汉语语法规则吗？

（1）医生们正在为了病人看病。

（2）我们必须努力为取得成功。

其实，这两个句子都是不正确的，"为了"和"为"的使用都有问题。"为"和"为了"在使用上需要注意什么？二者什么时候可以互换？什么时候不可以呢？

一、"为"和"为了"的相同之处

1. 句法上的相同之处

在句法上，二者的相同之处有两点。第一，"为"和"为了"构成的介词短语既可以位于动词之前充当状语，也可以位于动词之后充当宾语。例如：

（3）为（了）心中的梦想，我来到中国学习古汉语。

（4）我来到中国学习古汉语是为（了）心中的梦想。

用在动词之后时，整个介词短语常常出现在"是……"结构中，如例（4）。

第二，"为"和"为了"都可以和"而""起见"等搭配，构成"为（了）……而……""为（了）……起见"等介词框架。例如：

（5）我们是为（了）支持你的工作而来到这里。

（6）为（了）保险起见，我们再检查一遍文件。

2. 语义上的相同之处

在语义上，二者的相同之处也有两点。第一，"为"和"为了"都可以介引原因宾语。例如：

（7）妈妈为（了）大女儿的病愁白了头。

（8）为（了）你们的问题，我思考了一整夜。

第二，"为"和"为了"都可以介引目的宾语。例如：

（9）为（了）中国现代农业的快速发展，他们把青春都奉献给了黄土地。

（10）为（了）尽快融入中国人的生活，凯文交了很多当地的朋友。

二、"为"和"为了"的不同之处

1. 句法上的不同之处

介词"为"可以被表示正在、将来的"正""正在""在""将"修饰，此时一般不能替换成"为了"。例如：

（11）高三的学子们正在为考上大学而奋斗。

（12）石墨烯技术的应用将为化学和材料领域提供新的机遇。

2. 语义上的不同之处

在语义上，介词"为"的主要用法是引进对象，"为了"没有这种用法。例如：

（13）妈妈为我买了块新手表。

（14）我们公司为客户提供优质的产品。

介词"给"也可以引进对象，这时二者可以相互替换。例如：

（13'）妈妈给我买了块新手表。

有时，"为"介引的宾语之后是表心理活动或感受的形容词或动词，如"难过""担心""着急""着想""难为情"等，这时"为"可以替换为"替"。例如：

（15）周老师处处都为/替学生着想。

"为"所介引的对象是动作的受益者，它可以是人，也可以是事件，如例（16）。

（16）王教授的成果为进一步的深入研究提供了范例。

现在，我们再来看一下开头的两个句子。例（1）中的"病人"表示受益的对象，此时应该使用介词"为"引进；例（2）中的"为"所构成的介词短语表示目的，一般位于句首，用在句中句子则需要改成"是为……"结构。所以这两个句子应该说成：

（1'）医生们正在为病人看病。

（2'）为取得成功，我们必须努力。/我们努力是为取得成功。

综上，我们将介词"为"和"为了"的异同归纳为表31-1。

表31-1 介词"为"和"为了"的比较

比较项目	相同点	不同点	
		为	为了
句法	介词短语既可以位于动词前充当状语，也可以位于动词后充当宾语；可以构成"为（了）……而……""为（了）……起见"等介词框架	— 可以被"正""正在""在""将"等表示正在、将来的词修饰	— —
语义	可以介引原因宾语、目的宾语	可以引进对象	—

32. "在"和"当"可以互换吗?

在汉语母语者看来,"在"和"当"虽然都可以作为介词,但二者差异很大;但在外国学习者看来,二者却是极易混淆的,因为一些教材将"在"注释为"at""in""on",将"当"表示"正在"的义项注释为"at",学习者自然就容易将二者等同起来。例如:

(1) a. 在你有空儿的时候,你会做什么呢?
　　 b. 当你有空儿的时候,你会做什么呢?

(2) a. 在中午,妈妈总是忙着做饭。
　　 b. *当中午,妈妈总是忙着做饭。

可见,二者介引时间宾语时,并不是在任何情况下都可以互换的。

一、"在"和"当"的搭配分析

第一,"在"可与名词性词语搭配,表示空间意义;"当"一般不直接跟名词性词语搭配表示空间意义。例如:

(3) a. 在中国,一个家庭一般有1~2个孩子。
　　 b. *当中国,一个家庭一般有1~2个孩子。

"当"很少介引名词性词语。

(4) 你要当着大家把这件事情说清楚。

(5) 电话里讲不清楚,我想当面跟你谈谈。

在例(4)和例(5)中,"当"表达"面对着""向着"的意义,这时其介引的宾语一般是表人的名词或代词。

第二,"在"和"当"都可以介引名词性词语表示时间意义。"在"搭配的大多是时间名词或短语。例如:

(6) 在上午/中午/下午/傍晚/清晨

(7) 在凌晨1点/下午4点/晚上7点45分

(8) 在这时/那天/那些日子

"当"与名词性词语搭配表示时间时,没有"在"常用,更常用的是"每

"当"与时间名词的组合,表示周期性的或经常性的动作。例如:

(9)每当中午,妈妈总是忙着做饭。

"当时""当今""当天"等词都是单独的时间名词或副词,不能看成介词"当"+"时/今/天"。

第三,"在"和"当"都可以构成介词框架"在……的时候""当……的时候",二者一般情况下能够互换使用。但是要注意的是,"在……的时候"更常用,多用在口语中;"在……的时候"可以插在句子的主语和谓语之间,但"当……的时候"不可以。例如:

(10)a. 你在等我们的时候,会想些什么呢?

　　　b. 在你等我们的时候,会想些什么呢?

　　　c. *你当等我们的时候,会想些什么呢?

　　　d. 当你等我们的时候,会想些什么呢?

第四,介词"在"可以与方位词构成介词框架"在……(之)上/下/内/外/里/左边/外面/西边/东南",表示空间位置、条件等,而"当"不行。例如:

(11)a. 在操场北边的就是我们的宿舍。

　　　b. *当操场北边的就是我们的宿舍。

第五,介词"在"可以介引动作行为的主体,构成介词框架"在……看来",而"当"不行。例如:

(12)在我看来,在公共场所吸烟是一种非常不文明的行为。

综上,我们将介词"在"和"当"在搭配上的异同归纳为表32-1。

表32-1 介词"在"和"当"搭配上的比较

搭配条件	在	当
与NP结合表示时间意义	+	+(使用少,"每当"更常用)
与NP结合表示空间意义	+	−
介词框架	可以与方位词构成介词框架"在……(之)上"等	−
	可以构成介词框架"在……的时候"	可以构成介词框架"当……的时候"
	可以构成介词框架"在……看来"	−

二、"在……的时候"和"当……的时候"的辨析

"在……的时候"和"当……的时候"都可以充当状语。例如：

（13）a. <u>在</u>雨天<u>的时候</u>，我总是捧着本书，静静地一个人读着。

b. <u>当</u>雨天<u>的时候</u>，我总是捧着本书，静静地一个人读着。

"当……的时候"充当状语时，一般位于句首；而"在……的时候"既可位于句首，也可位于主语之后、动词之前。例如：

（14）a. <u>当</u>天气晴朗<u>的时候</u>，我一般去公园散步。

b. <u>在</u>天气晴朗<u>的时候</u>，我一般去公园散步。

c. 我一般<u>在</u>天气晴朗<u>的时候</u>去公园散步。

d. *我一般<u>当</u>天气晴朗<u>的时候</u>去公园散步。

"当……的时候"基本上不充当定语、补语，而"在……的时候"可以。做定语时，"的时候"中的"的"常常省略。例如：

（15）a. 这是我<u>在</u>高中<u>时候</u>的校服。

b. *这是我<u>当</u>高中<u>时候</u>的校服。

（16）a. 我的初恋结束<u>在</u>秋叶凋零<u>的时候</u>。

b. *我的初恋结束<u>当</u>秋叶凋零<u>的时候</u>。

综上，我们将"在……的时候"和"当……的时候"的异同归纳为表32-2。

表32-2 "在……的时候"和"当……的时候"的比较

比较项目	在……的时候	当……的时候
做状语	+（可位于句首和句中）	+（只位于句首）
做定语	+	−
做补语	+	−

33. "我毕业于中文系"可以说成"我毕业在中文系"吗？

请仔细阅读下列句子，然后想想每个句子中的"于"分别是什么意思。

（1）冬奥会将<u>于</u>北京开幕。

（2）长江发源于唐古拉山脉。

（3）中国功夫闻名于全世界。

在现代汉语中，"于"是一个多义介词，而且还保留着古代汉语中的意义和用法，因此偏书面语。本问我们就"于"的用法做一个较为系统的梳理，并与其易混淆词进行简单的辨析。

"于"的主要功能有以下几点：

第一，表示时间。介词"于"介引时间宾语时，大致相当于"在""自"，可以用于句中动词性成分的前边或后边。例如：

（4）中华人民共和国于1949年10月1日成立。

（5）您的来信已于今日收到。

（6）本公司成立于2000年1月。

第二，表示处所。介词"于"介引处所宾语时，多表示动作发生的空间处所，可用于句中动词性成分之前或之后。例如：

（7）龙井茶于杭州生产。

（8）龙井茶产于杭州。

第三，表示来源、依据。介词"于"介引事物或现象的来源、依据时，一般用于句中动词之后，构成"产生于""源于""来源于"等固定结构。例如：

（9）二语学习者的很多偏误都产生于母语负迁移。

（10）所有的判决都来源于我国的法律。

第四，表示对象和范围。"于"介引对象宾语时相当于"对"。例如：

（11）他有愧于大家。

（12）运动有益于健康。

（13）王老师一直致力于化学材料的研究和开发。

（14）张桂梅献身于公益事业的精神被大家所传颂。

第五，表示原因。"于"介引原因宾语时，常常用于形容词之后，相当于"因为"。例如：

（15）我一直苦于没有平台展示自己的才能。

（16）老师们大都忙于工作，没有时间照顾家庭。

第六，表示被动。介词"于"可以位于动词之后引出施事，表示被动意义。例如：

（17）这座明代的木塔在20世纪毁于地震。

（18）这回我又要见笑于兄长了。

第七，表示比较。介词"于"介引比较对象时，常用于形容词后面。例如：

（19）今年的营业额将高于去年。

（20）他的能力明显弱于我。

从上述归纳中可以看出，现代汉语介词"于"的意义和用法比较丰富，其不同的含义分别与"在""自""对""给""因为""被"等介词在用法上有交叉。但是，"于"的书面语特征很鲜明，这导致其用法具有特殊性，特别是在谓语动词或形容词之后，一般只能用"于"，不能用其他介词。所以，我们只能说"我毕业于中文系"，而不能说成"我毕业在中文系"。

34. "关于"和"至于"一样吗？

下面是留学生作文中的两个句子，你觉得这两句话对吗？"关于"和"至于"可以互换吗？

（1）关于她，你了解吗？

（2）至于中国传统医学，外国人懂得很少。

一、"关于"和"至于"的相同之处

1. 句法上的相同之处

在句法上，"关于"和"至于"都可以位于句首，与宾语构成介词短语充当状语，修饰或限制整个句子，与后面的句子之间可以有停顿、语气词或者插入别的句子。例如：

（3）关于他，我也是最近才了解的。

（4）至于电脑，只要听说有新出来的型号，他马上就去买一台。

2. 语义上的相同之处

在语义上，"关于"和"至于"所介引的宾语都可以充当话题，成为后续句谈论围绕的中心或范围。例如：

（5）<u>关于</u>食品安全问题，我们已经进行了调查。

（6）<u>关于</u>这一问题的分析，张律师没有表现出应有的专业性。

（7）<u>至于</u>后勤服务的相关问题，我们全力支持。

（8）<u>至于</u>在那些浪漫电视剧里，我们总是住在最好的房子里，男的英俊，女的漂亮，吃饱以后没事干，在各种爱情纠纷里用眼泪洗脸。

二、"关于"和"至于"的不同之处

1. 句法上的不同之处

在句法上，二者的不同之处有三点。第一，"关于"所构成的介词短语一般位于句首做状语，偶尔可以位于句中，或是位于句末作为"易位句"（参见第35问）补充说明前文；而"至于"所构成的介词短语一般不能出现在句中或句末。例如：

（9）<u>关于</u>咱们谈论的这个问题，我们有空儿再去研究吧。

（10）咱们<u>关于</u>这个话题就先谈到这里吧。

（11）可能只有一点需要自我解释，<u>关于</u>电影的片名。

（12）<u>至于</u>咱们谈论的这个问题，我们有空儿再去研究吧。

（13）*我们<u>至于</u>毕业设计可以去咨询一下张老师。

（14）*我不知道，<u>至于</u>这个人。

第二，"关于"构成的介词短语可以充当定语，而"至于"无此用法。例如：

（15）茶几上有一些文件，里面有<u>关于</u>他的生平介绍。

（16）*茶几上有一些文件，里面有<u>至于</u>他的生平介绍。

第三，"至于"在语言发展中形成了"至于说/说到……"的结构，可位于句首做状语，而"关于"没有。例如：

（17）<u>至于</u>说到成绩嘛，先不要管它了，先好好儿放松一下再说。

2. 语义上的不同之处

在语义上，二者的不同之处有两点。第一，"至于"的本义表示"从一个地方到另一个地方",虚化成介词后,仍可用来表示抽象事物之间的转移,可用于表示话题的转换,且与上一话题形成转折、递进、对比等关系;而"关于"强调的则是话题与述题之间的陈述说明关系。例如:

(18)懂汉语的人可以理解这些句子的意思,<u>至于一点儿汉语没学过的外国人</u>,当然无法理解这些。

在例(18)中,"一点儿汉语没学过的外国人"就与前文的"懂汉语的人"形成了对比关系。

第二,"关于"有分类列举的功能,而"至于"则不具备该功能。例如:

(19)老百姓在日常生活中议论最多或遇到最多的,往往是两个问题:一是<u>关于价格的波动</u>,二是<u>关于价格的稳定</u>。

3. 语用上的不同之处

在语用上,"关于"可以用来标记文章的题目,而"至于"不可以。例如:

(20)<u>关于毕业设计</u> / *<u>至于毕业设计</u>

(21)<u>关于班车安排</u> / *<u>至于班车安排</u>

现在我们再来看一下开头的两个句子。例(1)和例(2)都是正确的句子,句中的"关于"和"至于"可以互换,但互换后句意会发生变化。

综上,我们将介词"关于"和"至于"的异同归纳为表34-1。

表34-1 介词"关于"和"至于"的比较

比较项目	相同点	不同点	
		关于	至于
句法	所构成的介词短语可以位于句首充当状语,且与后面的句子之间一般有停顿	介词短语可以位于句中充当状语,也可以位于句末作为"易位句"补充说明前文	—
		介词短语可以充当定语	—
		—	可以构成"至于说/说到……"结构
语义	所介引的宾语可以充当话题	具有分类列举的功能	—
		—	可以用于表示话题的转换
语用	—	介词短语可以单独充当标题	—

35. "关于"什么时候可以换成"对于"?

下面是留学生作文中的两个句子,你觉得这两句话对吗?

(1)关于这件事,我感到十分生气。

(2)对于中药,留学生一般知道得很少。

"关于"和"对于"什么时候可以互换?什么时候不能呢?

一、"关于"和"对于"的相同之处

1. 句法上的相同之处

在句法上,二者的相同之处有两点。第一,"关于"和"对于"构成的介词短语都可以位于句首做状语,修饰或限制整个句子。例如:

(3)关于这个动物学的问题,咱们还是有空儿再去研究吧。

(4)对于刚到中国的外国留学生,一切都是新鲜的。

第二,"关于"和"对于"构成的介词短语也可以位于句中做定语。例如:

(5)茶几上有一些文件,里面有关于他的生平介绍。

(6)《联合早报》的汉英双语专辑,既有对于当代英语用法的讨论,也可了解亚洲人对于世界的看法。

2. 语义上的相同之处

在语义上,当"关于"和"对于"介引的宾语既表示一个可供谈论的问题(范围)又表示一个具体针对的问题(对象),且整个介词短语位于句首时,二者可以互换。这时,宾语多为"问题""事情""情况""提议""建议"等。例如:

(7)关于/对于全球变暖问题,联合国已经派出专家组进行了调查。

(8)关于/对于上周发生的那件事情,大家都很关心。

(9)关于/对于举办微课比赛的提议,老师们一致支持。

二、"关于"和"对于"的不同之处

1. 句法上的不同之处

在句法上，二者的不同之处有三点。第一，"关于"构成的介词短语多数情况下位于句首做状语，较少出现在句中；而"对于"构成的介词短语做状语，位置则比较灵活，既可以位于句首，也可以位于主语之后。例如：

（10）a. 关于鲁迅作品的讲解，咱们到今天就全部结束了。

　　　b. 咱们关于鲁迅作品的讲解到今天就全部结束了。

（11）a. 对于弟弟们的要求，我爷爷历来是有求必应的。

　　　b. 我爷爷对于弟弟们的要求历来是有求必应的。

第二，"关于"构成的介词短语偶尔还可以出现在句末，而"对于"不可以。例如：

（12）a. 可能有一些需要我来解释一下，关于我名字的含义。

这种用法比较特殊，时常出现在对话中，"关于"所构成的介词短语被移至句末，起到补充说明的作用。其实，这种用法就是我们常说的"易位句"，其特点是被倒置的两个部分可以复位，复位后句子意思不变，语义重心一般在前句。例如：

　　　b. 关于我名字的含义，可能有一些需要我来解释一下。

还有一种情况下，"关于"所构成的介词短语也可以出现在句末。例如：

（13）a. 我又在写下一篇文章，关于"丝绸之路"的。

这种情况其实是一种省略。如果根据上下文补全句子，那我们可以看到在补全后的句子中，"关于"所构成的介词短语处于句中做定语，这其实是上面我们提到的基本用法。

　　　b. 我又在写下一篇文章，（下一篇是）关于"丝绸之路"的（文章）。

第三，"对于"可以构成"对于……来说""对于……而言"等介词框架，并位于句首做状语，"关于"则没有这种用法。例如：

（14）对于这段感情来说，果真波伟比张林更加靠谱儿。

（15）对于老板而言，他们比一般人更希望公司的工人都是技术过硬的。

2.语义上的不同之处

在语义上,"关于"所介引的宾语更侧重于一个可供谈论的问题,表示一种范围;而"对于"所介引的宾语则更侧重于一个具体针对的问题,表示针对的对象。因此,在多数情况下,二者不能互换。例如:

(16)关于火星,我们了解得还太少。

(17)关于汉字的演变,你可以参考这些书籍。

(18)对于老张,这里的一草一木都是亲切的。

(19)对于这种观点,我觉得你的解释很有说服力。

3.语用上的不同之处

在语用上,"关于"构成的介词短语是自足的,可以单独使用或充当文章的标题;而"对于"构成的介词短语并不自足,一般在句中充当修饰语。例如:

(20)关于吸烟状况

(21)关于中国人寿栏目

(22)对于"台风结构",你知道多少?

(23)对于建设大型购物广场,上海市民热切期待。

以上这些都是文章的标题,我们可以看出,"对于"所构成的介词短语做标题时,后续一般还有一个主谓句被其修饰。

现在我们再来看一下开头的两个句子,例(1)应改为:

(1')对于这件事,我感到十分生气。

例(2)既可以用"对于",也可以用"关于",即:

(2')对于/关于中药,留学生一般知道得很少。

综上,我们将介词"关于"和"对于"的异同归纳为表35-1。

表35-1 介词"关于"和"对于"的比较

比较项目	相同点	不同点	
		关于	对于
句法	介词短语可以位于句首做状语,位于句中做定语	介词短语较少位于句中做状语	介词短语可以位于主语后做状语

（续表）

比较项目	相同点	不同点	
		关于	对于
		介词短语偶尔可以出现在句末	-
		-	可以构成"对于……来说""对于……而言"等介词框架
语义	介引宾语可以兼具范围、对象两种属性	介引宾语表示范围	介引宾语表示对象
语用	-	介词短语可单独充当文章的标题	-

36. 和方向有关的"朝"和"向"一样吗？

"朝""向""往"作为表示空间的介词，既有很多共同之处，也存在细微的差异，是汉语作为第二语言学习者的难点。从本问开始，我们将在连续三问中对三者进行两两对比。

一、"朝"和"向"的相同之处

1. 句法上的相同之处

在句法上，二者的相同之处有四点。第一，"朝"和"向"做介词表示方向时，所介引的宾语都可以是处所词或处所短语。例如：

（1）弟弟朝邮局走去。

（2）弟弟向邮局走去。

第二，"朝"和"向"做介词表示方向时，所介引的宾语都可以是方位词或方位短语。例如：

（3）你朝南看，最高的那栋就是我们住的楼。

（4）你向山南边看，最高的那栋就是我们住的楼。

第三,"朝"和"向"做介词表示方向时,所介引的宾语还可以是指人的名词或代词。例如:

(5)他伸了伸懒腰,向小李一甩手。

(6)警察朝我摆摆手,示意我停车。

第四,"朝"和"向"之后都可以加"着"。例如:

(7)王芳头也不回地朝着后门走去。

(8)王芳头也不回地向着后门走去。

2.语义上的相同之处

在语义上,"朝"和"向"都表示方向或方向的终点。在上面的例子中,例(1)和例(2)中的"邮局"表示方向的终点,例(3)和例(4)中的"南""山南边"表示方向。当表示方向的终点时,它既可以是具体的终点,如"邮局";也可是抽象的终点,例如:

(9)武汉的房地产会向一个健康的高层次发展。

(10)努力充实自己,朝理想中的自己前进。

例(9)和例(10)中的"一个健康的高层次"和"理想中的自己"属于抽象的终点。

二、"朝"和"向"的不同之处

1.句法上的不同之处

"向"构成的介词短语可以位于动词之前充当状语,也可以位于动词之后充当补语;而"朝"构成的介词短语一般只能位于动词之前充当状语。例如:

(11)向窗外看/看向窗外

(12)朝窗外看/*看朝窗外

2.语义上的不同之处

在语义上,"向"既可以强调方向,也可以强调终点;而"朝"更加强调方向,且介引对象时需要受很多限制。例如:

(13)a.我郑重向你道歉。

b.*我郑重朝你道歉。

（14）a. 我今天来就是要<u>向</u>你讨个说法。

　　　b. *我今天来就是要<u>朝</u>你讨个说法。

例（13）和例（14）中的介词宾语都是指人的对象，强调动作的终点，而这两例中的动词"道歉""讨"都具有方向性，这样的情况下只能使用"向"。一般来说，这类动词包括表达"给予"义的"送""赠""献""发"等、表达"取得"义的"要""讨""讨教""寻求"等、表达"言说"义的"解释""说明""道歉""请罪""请假"等。

3. 语用上的不同之处

在语用上，"向"构成的介词短语可以修饰的动词类型更加丰富。例如：

（15）<u>向</u>广大教师致以节日的问候 / <u>向</u>优胜者颁发了奖金 / <u>向</u>学校代表赠送了纪念品 / <u>向</u>领导汇报了这一事件 / <u>向</u>提问者解释了情况

在例（15）的各句中，"向"都不可以换成"朝"。

介词"朝"介引的宾语可以表示抽象的程度，有"朝坏里说""朝死里打"等固定搭配，而"向"没有这种用法。

综上，我们将介词"朝"和"向"的异同归纳为表36-1。

表36-1　介词"朝"和"向"的比较

比较项目	相同点	不同点	
		朝	向
句法	介引宾语可以是处所词/短语、方位词/短语、指人的名词或代词；后面可以加"着"	介词短语只能位于动词前充当状语	介词短语可以位于动词前充当状语，也可以位于动词后充当补语
语义	可以表示方向或方向的终点	更强调方向	既强调方向，也强调终点；介词短语修饰的动词具有方向性，如表达"给予"义的"送"、表达"取得"义的"寻求"、表达"言说"义的"解释"等
语用	—	有"朝坏里说""朝死里打"等固定搭配	介词短语修饰的动词类型更加丰富

37. 和方向有关的"朝"和"往"一样吗？

"朝"和"往"作为表示空间的介词，二者在语义上存在诸多共性，构成的介词短语在用法和功能上也大致相同。它们的差异主要体现在句法和语用上，下面对二者进行对比。

一、"朝"和"往"的相同之处

1. 句法上的相同之处

第一，"朝"和"往"做介词表示方向时，所介引的宾语都可以是处所词或处所短语。例如：

（1）他看到大道上朝小屋跑过来一群人。

（2）他看到大道上往小屋这里跑过来一群人。

第二，"朝"和"往"做介词表示方向时，所介引的宾语都可以是方位词或方位短语。例如：

（3）列车朝东南开去。

（4）服务员往杯子里倒满酒。

2. 语用上的相同之处

当介词宾语表示抽象的程度时，"朝"和"往"都可以构成一些固定搭配。例如：

（5）我们凡事都要朝好处想。

（6）他把我们往死里打。

二、"朝"和"往"的不同之处

1. 句法上的不同之处

第一，"朝"构成的介词短语一般只能位于动词之前充当状语；"往"构成的介词短语既可以位于动词之前充当状语，也可以位于动词之后充当补语。例如：

（7）朝窗外看 / *看朝窗外

（8）往北京开 / 开往北京

需要注意的是，"往"构成的介词短语位于动词之后充当补语要受很大的限制。一般来说，能置于"往"之前的动词仅有"开""飞""去""派""通""送""寄""运""销""逃""迁"等，绝大部分一般动词则不可以。

第二，"朝"介引的宾语可以是指人的名词或代词，表示动作的对象，而"往"不可以。例如：

（9）演员不时地还朝观众挥手示意。

（10）*演员不时地还往观众挥手示意。

"往"介引指人的名词或代词时，名词或代词后需要添加方位词或表示方位的指示代词。例如：

（11）董磊风风火火地朝我这里跑来。

（12）演员不时地还往观众处挥手示意。

2. 语用上的不同之处

"朝"之后可以加"着"，而"往"的动作性比较强，后面不能加"着"。例如：

（13）王芳朝着后门走去。

（14）*王芳往着后门走去。

综上，我们将介词"朝"和"往"的异同归纳为表37-1。

表37-1　介词"朝"和"往"的比较

比项项目	相同点	不同点	
		朝	往
句法	介词宾语可以是处所词/短语、方位词/短语	介词短语只能位于动词前充当状语	介词短语可以位于动词前充当状语，也可以位于动词后充当补语；能置于"往"之前的动词只有"开""飞""去""派"等
		介词宾语可以是指人的名词或代词	介引指人的名词或代词时，名词或代词后需要添加方位词或表示方位的指示代词
语用	可以构成"朝好处想""往死里打"等固定搭配	其后可以加"着"	—

38. 和方向有关的"向"和"往"一样吗？

"向"和"往"是使用频率较高的空间介词，由于二者的语法化程度不同，它们的差异主要体现在句法和语用上，下面对二者进行对比。

一、"向"和"往"的相同之处

在句法上，"向"和"往"的相同之处主要有三点。第一，"向"和"往"做介词表示方向时，所介引的宾语都可以是处所词或处所短语。例如：

（1）下午五点起程，向北京出发。

（2）下午五点起程，往北京的方向出发。

第二，"向"和"往"做介词表示方向时，所介引的宾语都可以是方位词或方位短语。例如：

（3）向北去的列车缓缓驶离站台。

（4）天还没亮，大家就起身往山上走去。

第三，"向"和"往"构成的介词短语可以位于动词之前充当状语［见例（1）、（2）］，也可以位于动词之后充当补语。例如：

（5）空中的候鸟群正缓缓飞向南方。

（6）空中的候鸟群正缓缓飞往南方。

二、"向"和"往"的不同之处

1. 句法上的不同之处

第一，虽然"向"和"往"构成的介词短语都可以位于动词之后充当补语，但二者所搭配的动词并不完全相同。例如：

（7）飞向中国 / *开向北京 / 走向明天

（8）飞往中国 / 开往北京 / *走往明天

介词"向""往"构成的介词短语位于动词之后充当补语时，其前动词一般具有很强的动作性和移动性。"向"之前的动词一般有"走""跑""奔""迈""冲""飞"等，"向"构成的介词短语表示动作的方向，强调过程;"往"之前的动词一般有"开""飞""去""派""通""送""寄""运""销""逃""迁"等,"往"构成的介词短语表示动作的方向,强调终点。需要注意的是,"飞""通"既可以出现在"向"之前,也可以出现在"往"之前。

第二,"向"介引的宾语可以是指人的名词或代词,表示动作的对象,而"往"不可以。例如:

(9)同学们纷纷向他投来羡慕的目光。

(10)*同学们纷纷往他投来羡慕的目光。

"往"介引指人的名词或代词时,名词或代词后需要添加方位词或表示方位的指示代词。例如:

(11)同学们纷纷往他这儿投来羡慕的目光。

2.语用上的不同之处

"向"后可以加"着",而"往"后不能加"着"。例如:

(12)在休假的同学们不要偷懒,向着目标前进!

(13)*在休假的同学们不要偷懒,往着目标前进!

综上,我们将介词"向"和"往"的异同归纳为表38-1。

表38-1 介词"向"和"往"的比较

比较项目	相同点	不同点	
		向	往
句法	介词宾语可以是处所词/短语、方位词/短语;介词短语可以位于动词前充当状语,也可以位于动词后充当补语	介词短语位于"走""跑""奔""迈""冲""飞"等动词后充当补语,表示动作的方向,强调过程	介词短语位于"开""飞""去""派""通"等动词后充当补语,表示动作的方向,强调终点
		介词宾语可以是指人的名词或代词	介引指人的名词或代词时,名词或代词后需要添加方位词或表示方位的指示代词
语用	–	其后可以加"着"	–

39. 介词"被""叫""让"有什么区别?

作为汉语被动句的标记,介词"被""叫""让"都可以用于被动句,我们称它们为"被动家族"。它们介引的宾语一般都表示动作的施事。

一、被动句的主要特点

在比较这三个介词的异同前,我们先回顾一下被动句的主要特点。

第一,被动句的句型结构一般是"主语 + 被动标记 + 宾语 + 动词 + 其他成分"。例如:

(1a)我的课本被同桌借走了。

(2a)孩子被爸爸批评了一顿。

第二,被动句的主语是动作的受事,在语义上是定指的。例如,例(1a)中的"我的课本"和例(2a)中的"孩子"在语境中都是有所指的,不能说成:

(1b)*一本课本被同桌借走了。

(2b)*一个孩子被爸爸批评了一顿。

第三,被动句的谓语动词一般不能是光杆儿动词,动词后面必须要附加其他成分,如结果补语或宾语。例如:

(3)早上买的蛋糕已经被吃完了。

(4)丁荣被老师派到体育馆打扫卫生。

(5)《红楼梦》被翻译成了很多种外语。

例(3)中的"完"是结果补语;例(4)中的"体育馆"是动词宾语,后面又附加了"打扫卫生",它与"派到体育馆"构成连动结构;例(5)中的"成了很多种外语"也是结果补语。

第四,如果说话人不能或不想说出动作的施事,那么被动句中的介词宾语也可以省略。例如:

(1c)我的课本被偷走了。

(2c)孩子被批评了一顿。

第五，否定词"不""没"、能愿动词以及时间词要放在"被""叫""让"等被动标记的前面。例如：

（6）那时候，互联网的重要性还没被人们认识到。（时间副词＋否定词）

（7）他这种乐于助人的行为应该被鼓励。（能愿动词）

二、被动句的主要形式——"被"字句

汉语表示被动的方式多种多样，添加介词标记是一种主要的方式。在介词标记"被""叫""让"中，"被"占有绝对的优势。据吴门吉、周小兵（2004）对现当代文学作品的考察，在叙述语言中，"被"字句占所有有标志被动句的99%，而"叫""让"被动句总共才占1%；在人物语言中，"被""叫""让"被动句所占的比例分别为29%、29%、42%，"让"字被动句占优势。把叙述语言与人物语言一起计算，"被"字句占96%，"叫""让"被动句分别为1.6%、2.5%。因此，"被"字句是汉语表达被动的主要方式。

三、介词"被""叫""让"的区别

那么，介词"被"与"叫""让"在用法上有什么区别呢？

第一，"被"不受语体色彩的限制，既可以用于口语，也可以用于书面语；而"叫""让"主要用在口语中。例如：

（8）a. 我们学校有38人先后被市教育局评为"优秀教师"。

　　　b. ？我们学校有38人先后让/叫市教育局评为"优秀教师"。

第二，从古代汉语中继承的被动格式"被……所……"中只能用介词"被"，不能用"叫""让"。例如：

（9）我们被英雄的事迹所感动。

（10）游客们纷纷被张家界的美丽风景所吸引。

需要注意的是，在"被……所……"格式中，"所"之后的一般是双音节动词，常表示"受到影响""听从""证实""取代""抛弃"等意义。有时，"被……所……"还可以用"为……所……"替代。

第三，由于"叫""让"还有其他的词汇意义，因此当谓语中出现了"叫"

"让"的其他词汇意义时，句中不能再使用介词"叫""让"表示被动。例如：

（11）山本一吃完饭就被（*叫）叫走了。

（12）小伙子被（*让）大家要求让座给老大爷。

第四，"叫""让"充当被动标记时，其介词宾语一般不能省略。例如：

（13）a. 他叫人骗了。

　　　b. *他叫骗了。

（14）a. 他让人骗了。

　　　b. *他让骗了。

其实，除了"被""叫""让"外，汉语中还有一个被动标记——介词"给"。它一般也用于口语中，但使用频率比较低。例如：

（15）蛋糕给妹妹吃了。

（16）他给雨淋感冒了。

综上，我们将介词"被""叫""让""给"的用法归纳为表39-1。

表39-1　介词"被""叫""让""给"的用法比较

介词	用法"给"
被	可以用于口语和书面语； 可以构成"被……所……"格式
叫	可以用于口语； 谓语中出现"叫"的其他词汇意义时，句中不用"叫"表示被动； 介词宾语不能省略
让	可以用于口语； 谓语中出现"让"的其他词汇意义时，句中不用"让"表示被动； 介词宾语不能省略
给	可以用于口语； 谓语中出现"给"的其他词汇意义时，句中不用"给"表示被动

40."自从"等同于"自"和"从"吗?

"自""从""自从"这三个介词都可以表示起点。例如:

(1)台湾自古就是中国的领土。

(2)从古至今,多少名人志士都为它而折腰。

(3)自从春节以后,我还没有见过他。

"自""从""自从"都可以充当起点介词,三者在句法、语义方面有很多相似性;但是在下面几个句子中,它们又不完全等同。

(4)这些儿童来自/*自从/*从不同的家庭。

(5)我们幸福的生活自/*自从/从何而来?

由此可见,三个介词也存在一些差异。本问我们将对三者进行全面的比较。

一、"自""从"和"自从"的相同之处

1. 句法上的相同之处

在句法上,三者的相同之处有两点。第一,"自""从"和"自从"构成的介词短语都可以在句首和句中充当状语。例如:

(6)自/从/自从去年下半年开始,我们学校对校园进行了一次全面的美化。

(7)我们学校自/从/自从去年下半年开始,对校园进行了一次全面的美化。

第二,"自""从"和"自从"都可以构成"自/从/自从……起""自/从/自从……以来""自/从/自从……以(之)后""自/从/自从……开始"等介词框架,并且在一定条件下可以互换。例如:

(8)自/从/自从70年代末起,中国的经济发展开始突飞猛进。

(9)自/从/自从你离开以后,我们都很想念你。

2. 语义上的相同之处

在语义上,介词"自""从"和"自从"都可以介引时间宾语。例如:

(10)自/从/自从文艺复兴以来,思想家开始关注人的自然属性。

(11)自/从/自从回来之后,小明便疲倦地睡倒了。

例(10)中的"文艺复兴以来"表示的是过去时间的起点,例(11)中的

"回来之后"表示的也是过去时间的起点。

二、"自""从"和"自从"的不同之处

1. 句法上的不同之处

在句法上，三者的不同之处有三点。第一，虽然三个介词构成的介词短语都可以在句中充当状语，但"自"构成的介词短语还可以在动词后充当补语，而"从"和"自从"没有这种用法。例如：

（12）孩子们来自／*从／*自从不同的家庭，他们的思想、习惯都不相同。

"自"构成的介词短语位于动词后做补语，可以表示"来源""出处"义，前面动词多限于"来""发""选""摘""录""寄"等。例如：

（13）"子非鱼，安如鱼之乐？"选自《庄子·秋水》。

（14）他笔记本上的好词佳句多摘自《读者文摘》。

第二，"自"和"从"形成的介词框架"自……而……"和"从……而……"在结构上有所不同。例如：

（15）偏偏这时他还仿佛听到了脚步声，自远而近，旋而又渐渐远去。

（16）有一位名叫木花开耶姬的姑娘，用了半年时间，自南而北走遍了整个日本。

（17）如果人人都用同样的方式思考，新思想从何而来？

（18）因为古代阿拉伯人崇拜天，就把这块从天而降的黑石看成圣石。

"自……而……"常用作联合短语，表示一种变化，如"自上而下""自远而近""自南而北"等；"从……而……"常用作偏正短语，如"从一而终""从何而来""从天而降"等。

第三，"自从"可以介引动词性短语，表示动词所指行为开始的时点，其后续句表示在以动词性短语所指行为为起点的时段里，持续进行的动作或不断发生的事情。例如：

（19）自从知道下周考试，我便坐立不安起来。

（20）自从担任公司的CEO，他不断出现在公众场合为公司宣传。

2. 语义上的不同之处

在语义上，三者的不同之处也有四点。第一，表示时间起点时，"自""从"介引的时间宾语既可以是现在的时间、过去的时间，也可以是将来的时间，且其后常接"起""以来""以后""开始"等形成介词框架；"自从"则仅限于介引过去的时间。例如：

（21）自 / 从 / *自从现在起，你就是一名大学生了。

（22）自 / 从 / *自从我毕业以后，我会断绝跟你的一切关系。

（23）自 / 从 / 自从你妈妈生下你开始，她就没有清闲过一天。

第二，"自"和"从"都可以介引处所宾语表示处所的起点或经由的处所，"自从"无此用法。例如：

（24）这是自 / 从 / *自从海南空运过来的椰子。

（25）自 / 从 / *自从南京到北京坐高铁只需要很短的时间。

第三，"自"和"从"介引的宾语还可以表示来源、经由的处所、范围、动作或状态的起点等语义，"自从"无此用法。例如：

（26）自 / 从 / *自从不起眼儿的矿石中产出了绝美的钻石。

（27）多亏了这座海上灯塔的建设者，一艘艘航船才能安然无恙地自 / 从 / *自从这里通过。

（28）家里面自 / 从 / *自从父母到兄弟姐妹，都不敢惹她生气。

（29）自 / 从 / *自从思考到写文，中间需要大量的练习，这样才能自 / 从 / *自从无到有，自 / 从 / *自从少到多。

例（26）中的"不起眼儿的矿石"表示的是来源；例（27）中的"这里"表示的是经由的处所；例（28）中的"父母""兄弟姐妹"表示人物的范围；例（29）中的"思考"表示动作的起点，"无""有"表示状态的起点。

第四，"从"介引的宾语可以表示凭借、依据等语义，"自"和"自从"无此用法。例如：

（30）从实力上看，北京队和天津队不相上下。

3. 语用上的不同之处

在语用上，三者也存在三点不同之处。第一，"从"在书面语和口语中均常用，而"自""自从"则多用于书面语，更为正式。例如：

（31）本协议自/从/自从签署之日起生效。

第二，在韵律方面，"自从"介引的宾语不能是单音节词，"自""从"则更加自由。例如：

（32）自/从/自从那时起，小狗就和我们朝夕相伴，形影不离。

（33）自/从/*自从那之后，我们再也没有见过他。

第三，"从"介引范围、依据位于句首使用时，尤其是在介词框架"从……看/讲"中，可充当一个话题标记。例如：

（34）从商业角度看，这一项投资极具价值。

（35）从道德方面讲，他的做法是很不应该的。

综上，我们将介词"自""从"和"自从"异同归纳为表40-1。

表40-1 介词"自""从"和"自从"的比较

比较项目	相同点	不同点		
^	^	自	从	自从
句法	介词短语可以在句首和句中做状语；可以构成"自/从/自从……起""自/从/自从……以来""自/从/自从……以（之）后""自/从/自从……开始"等介词框架	介词短语可以在动词后做补语	—	—
^	^	所形成的介词框架"自……而……"做联合短语	所形成的介词框架"从……而……"做偏正短语	—
^	^	—	—	可以介引动词性短语，表示动词所指行为开始的时点
语义	可以介引时间宾语	介词宾语可以表示过去、现在、将来时间的起点	介词宾语可以表示过去、现在、将来时间的起点	仅限于表示过去时间的起点
^	^	介引处所宾语表示处所的起点或经由的处所；介词宾语可以表示来源、经由的处所、范围、动作或状态的起点等语义	—
^	^	—	介词宾语可以表示凭借、依据等语义	—

（续表）

比较项目	相同点	不同点		
		自	从	自从
语用	-	可以用于书面语	可以用于书面语和口语	可以用于书面语
		-	-	"自从"介引的宾语不能是单音节词
		-	"从……看/讲"可以位于句首充当话题标记	-

41. "由于"就是"由"和"于"吗？

请先阅读下面三个句子，并用"由于""由"和"于"填空。

（1）今天咱们去哪儿玩儿_____你决定。

（2）毕业典礼将_____23日上午在体育馆举行。

（3）_____长期的刻苦努力，我在这次考试中取得了第五名的好成绩。

在现代汉语中，"由于""由"和"于"这三个介词的语义和用法都不尽相同，但是由于在语音和词形上有交叉，所以汉语作为第二语言学习者在使用中常常混淆。本问我们就对三者的具体用法进行一一说明。

一、"由"的用法

第一，"由"最基本的用法是介引表示时间或地点的名词性成分，表示时间或空间的起点。例如：

（4）考试<u>由</u>上午9点一直持续到12点。

（5）一阵阵朗朗的读书声<u>由</u>窗外传来。

第二，"由"可以介引人称代词或指人的名词，表示动作行为的发出者和责任者。例如：

（6）电影中的花木兰一角由她来扮演。

（7）这次活动由李善爱负责组织策划。

第三，"由"可以介引来源、由来。例如：

（8）青蛙是由蝌蚪经过变态发育而来的。

（9）这家大饭店最初是由一个小吃摊儿一步步发展起来的。

第四，"由"也可以介引方式。例如：

（10）大赛的评委由12位不同领域的专家组成。

（11）大脑由左、右两个半球构成。

二、"于"的用法

"于"是古代汉语中一个主要的介词，在现代汉语中具有浓厚的书面语色彩。与其他两个介词不同的是，"于"在大部分情况下可以用在动词之后。以下是"于"的主要用法：

第一，介引时间、来源。例如：

（12）苏珊毕业于2021年。

（13）这种丝绸产于苏州。

第二，介引范围、目标。例如：

（14）古道尔教授一生致力于黑猩猩的研究。

（15）你的猜测更接近于事实。

第三，介引原因。例如：

（16）爸爸最近一直忙于工作。

（17）山里的优质农产品苦于没有渠道推广。

第四，用于形容词之后表示比较。例如：

（18）今年的招生规模远远大于去年。

（19）他的身高明显高于同龄人。

三、"由于"的用法

"由于"主要介引原因；但需要注意的是，作为介词，"由于"主要位于体词性词语前，它构成的介词短语既可以放在主语前也可以放在主语后。例如：

（20）由于当地居民的大力支持，这项工程提前了两年完成。

（21）你这次考试失利完全是由于思想上的轻视。

从上述关于三个介词的用法介绍中我们可以看出，三个介词存在两点共性。第一，"由"和"于"都可以介引来源。需要注意的是，二者介引来源时，介词宾语的位置并不相同。"由"介引的宾语一般位于动词前面，如例（8）、（9）；而"于"介引的宾语一般位于动词后面，如例（13）。第二，"于"和"由于"都可以介引原因。此时，二者构成的介词短语在句中所处的位置也不同，如例（16）、（17）和例（20）、（21）。除了这两点以外，三者的其他用法并不相同，但是汉语作为第二语言学习者仍会混用三者。例如：

（22）*由山洪的暴发，很多人失去了生命。

（23）*由老师傅的耐心教导，他很快就掌握了这门技术。

（24）*我们最近非常忙由于考试。

从以上三个例子可以看出，汉语作为第二语言学习者产生偏误的主要原因是混淆了三者的功能，认为三个介词都可以介引原因。其实，介词"由"并不能介引原因，例（22）和例（23）都是介词"由"误代了"由于"才产生的偏误。介词"由于"一般不能用于形容词之后，例（24）这样的情境中只能使用介词"于"。

现在我们再来看一下开头的三道填空题。在例（1）中，介词后面的宾语表示"动作行为的发出者和责任者"，因此前面的介词应用"由"；在例（2）中，介词后面的宾语表示时间，且句子的书面语色彩比较浓，所以介词用"于"最合适；在例（3）中，介词后面的宾语表示原因，且介词短语位于谓语动词之前，所以应用"由于"。即：

（1'）今天咱们去哪儿玩儿由你决定。

（2'）毕业典礼将于23日上午在体育馆举行。

（3'）<u>由于</u>长期的刻苦努力，我在这次考试中取得了第五名的好成绩。

综上，我们将介词"由""于"和"由于"的用法归纳为表41-1。

表41-1 介词"由""于"和"由于"的用法比较

介词	用法
由	可以介引时间或空间的起点； 可以介引动作行为的发出者和责任者； 可以介引来源、由来； 可以介引方式
于	可以介引时间、来源； 可以介引范围、目标； 可以介引原因； 可以表示比较
由于	可以介引原因

42. "从"和"由"可以互换吗？

下面是《商务馆学汉语词典》（鲁健骥、吕文华，2006）中对介词"从"和"由"的解释：

"从"：①表示起点，自从。例如：保护环境，从我做起。②表示根据。例如：从说话的声音听出来应该是王老师。

"由"：①从。例如：由里到外/由这一点可以看出，我们的工作并不容易。②引出负责做某事的某人。例如：这儿的工作由我负责。

由此可见，介词"从"和"由"在意义上有着相同之处，都可以表示起点和根据。那么，在同一义项上，"从"和"由"的用法完全相同吗？

一、"从"和"由"的相同之处

1.句法上的相同之处

在句法上，介词"从"和"由"的相同之处有两点。第一，"从"和"由"

都可以后接名词性成分构成介词短语，表示一个空间范畴，在存现句中充当主语。例如：

（1）从远处传过来一阵叫喊声。

（2）由远处传过来一阵叫喊声。

（3）从太阳上流出很多金色的河流。

（4）由太阳上流出很多金色的河流。

第二，"从"和"由"都可以构成介词框架"从／由……到……"，整个介词框架可以充当主语，也可以充当定语。例如：

（5）从未庄到鲁镇是一滩浅浅的沼泽。

（6）由未庄到鲁镇是一滩浅浅的沼泽。

（7）从门到窗子的距离是七步。

（8）由门到窗子的距离是七步。

当"从／由……到……"表示具体的空间位移时，"从"和"由"可以互换。

2. 语义上的相同之处

在语义上，介词"从"和"由"的相同之处有三点。第一，"从"和"由"都可以介引时间词表示时间的起点。例如：

（9）他是老技术员，从1965年春天就借调到北京。

（10）他由12岁起便一直在牛宅。

第二，"从"和"由"都可以介引宾语表示处所的起点和来源。它们的适用条件大体相似，基本上可以互换。例如：

（11）长江从唐古拉山脉各拉丹冬峰西南侧发源。

（12）长江由唐古拉山脉各拉丹冬峰西南侧发源。

（13）要从工会会员中推选出一位代表。

（14）要由工会会员中推选出一位代表。

第三，"从"和"由"都可以介引宾语表示依据。例如：

（15）从那甩臂的架势、迈步的姿态，阿拉坦一眼就认出：正是阿爸朝鲁。

（16）由那甩臂的架势、迈步的姿态，阿拉坦一眼就认出：正是阿爸朝鲁。

二、"从"和"由"的不同之处

1. 句法上的不同之处

在句法上，二者的不同之处有五点。第一，虽然介词"从"和"由"都可以表示时间的起点，但"从"后可以直接介引时间词，而"由"后不能直接介引时间词，需要与"起""开始"等后置词搭配，形成介词框架后再使用。例如：

（17）从爹娘去世那年，他就靠讨饭度日。

（18）*由爹娘去世那年，他就靠讨饭度日。

（19）由爹娘去世那年起/开始，他就靠讨饭度日。

第二，介词"从"可以介引动词性成分构成介词短语，表示自动作开始或结束之后的时间，"由"没有这种用法。例如：

（20）从吃了饭出去，就没见过他人影儿。

（21）*由吃了饭出去，就没见过他人影儿。

第三，介词"从"和"由"介引主谓短语时，如果主谓短语的主语是人，那么只能用"从"，不可用"由"。例如：

（22）从他上了大学就没让家里操过心。

（23）*由他上了大学就没让家里操过心。

第四，介词"从"可以进入介词框架"从……以来/以后"，但是"由"不能进入该介词框架中。例如：

（24）他从五四以来，在文字上，思想上，大大地尽过启蒙的努力。

（25）*他由五四以来，在文字上，思想上，大大地尽过启蒙的努力。

第五，介词"从"和"由"分别保留了古代汉语中的一些固定用法，有的已形成成语，多用在书面语中。在这些用法中，二者不能互相替换。例如：

（26）从早到晚/从头到尾/从小到大

（27）由此及彼/由表及里/由此可见

2. 语义上的不同之处

在语义上，二者的不同之处有三点。第一，"从"和"由"构成的介词短语充当主语时，"从"构成的短语既可以表示一个具体的空间范畴，也可以表示一

种抽象的事物;"由"构成的短语只能表示一个具体的空间范畴,不能表示抽象的事物。例如:

(28)从她的琴弦上失掉了成年的忧伤。

(29)*由她的琴弦上失掉了成年的忧伤。

第二,介词框架"从/由……到……"表示具体的空间位移时,二者可以互换;但表示一种等级或先后顺序时,则只能用介词"从"。例如:

(30)从下星期一到星期四,我们都接受报名。

(31)*由下星期一到星期四,我们都接受报名。

第三,"从"和"由"都可以表示处所的起点和来源,这种情况下二者一般可以互换;但是"由"也可以介引名词性成分,引进动作的发出者,指出责任归属或某事由某人去做,因此替换后句意有时会发生变化。例如:

(32)从几所重点大学招募志愿者

(33)由几所重点大学招募志愿者

这两句话从语法上看都是正确的,但是表达的意思有所不同。例(32)指的是"招募的志愿者来自几所重点大学",例(33)指的是"几所重点大学负责组织招募志愿者的活动"。

3.语用上的不同之处

二者在语用上也存在细微的差异。"从"属于通用体,可以用于各种场合;而"由"多用于书面语。例如:

(34)从这个角度来说

(35)由这个角度来说

例(34)和例(35)虽然我们都说,但在口语中说得更多的还是例(34)。

综上,我们将介词"从"和"由"的异同归纳为表42-1。

表42-1 介词"从"和"由"的比较

比较项目	相同点	不同点	
		从	由
句法	可以后接名词性成分构成介词短语，在存现句中充当主语；可以构成"从/由……到……"介词框架	可以介引时间词/动词性成分/主语是人的主谓短语	介引时间词时，需与后置词搭配使用
		可以构成介词框架"从……以来/以后"	—
		形成了"从早到晚/从头到尾/从小到大"等固定用法	形成了"由此及彼/由表及里/由此可见"等固定用法
语义	可以介引时间词表示时间的起点；可以介引宾语表示处所的起点和来源；可以介引宾语表示依据	介词宾语可以指具体的空间，也可以指抽象的事物	介词宾语只能指具体的空间
		"从……到……"可以表示一种等级或先后顺序	—
		—	可以介引动作的发出者和责任者
语用	—	通用体，可以用于各种场合	多用于书面语

43. "按""按照""依""依照"一样吗？

"按""按照""依""依照"都有"依据"的意思，那么它们可以任意互换吗？请先判断一下：下面三个句子都是正确的吗？

（1）按（照）/依（照）我的经验，这些工作要一周才能完成。
（2）执法人员必须按（照）/依（照）法律办事。
（3）按（照）/依（照）我看，现在的局势十分严峻。

一、"按""按照""依""依照"的相同之处

1. 句法上的相同之处

在句法上，四者的相同之处有两点。第一，"按""按照""依""依照"

构成的介词短语既可以在句首充当状语，也可以在句中充当状语。例如：

（4）a. 按（照）这里的风俗，女婿30岁生日时丈母娘需要做东宴请大家。
　　　b. 依（照）这里的风俗，女婿30岁生日时丈母娘需要做东宴请大家。

（5）a. 每个人按（照）自己的实际情况进行选择。
　　　b. 每个人依（照）自己的实际情况进行选择。

第二，当介词短语前有否定副词或能愿动词修饰时，介词短语只能位于句中。例如：

（6）当时人们还不能准确地用实验方法测定光速，因而无法按（照）/依（照）折射现象的不同结果去判断这两种学说的优劣。

（7）社会学的研究领域是比较广泛的，可以按（照）/依（照）社会现象的状态、规模、层次和研究目的，各划分若干种。

2. 语义上的相同之处

在语义上，这四个介词均可以介引依据类宾语，表示行为、动作遵从的事实依据，某种标准或对客观情况的推断依据。例如：

（8）按（照）/依（照）西方人的习惯，在正式场合或者是不熟悉的人之间打招呼要称姓，而跟熟人打招呼可以直接叫名字。

（9）按（照）/依（照）四菜一汤的标准去安排。

（10）你按（照）/依（照）稿子念就行了。

（11）这项工程必须要按（照）/依（照）国家标准来完成，容不得半点差错。

二、"按""按照""依""依照"的不同之处

1. 句法上的不同之处

在句法上，四者的不同之处有两点。第一，"按""按照"可以进入"按（照）+主谓短语"的结构，而"依""依照"不可以。例如：

（12）这些蔬菜按（照）每人五斤发放给员工。

（13）按（照）他昨晚离开上海算来，今早应该能到达美国。

第二，"按""依"一般既可以介引单音节名词做宾语，也可以介引双音节

及以上的词或短语做宾语；"按照""依照"后则必须介引双音节及以上的词或短语做宾语。例如：

（14）a.*我们按照时完成了任务。

b.我们按时完成了任务。

c.我们按照预定时间完成了任务。

（15）a.*依照法判处死刑。

b.依法判处死刑。

c.依照法律判处死刑。

2.语义上的不同之处

在语义上，四者的不同之处同样有两点。第一，"依""依照"介引的宾语所指代的事物在语义上含有"参照物原型""模仿样板"等含义。当动作行为是依照介引成分进行复制、模仿时，句中介词一般使用"依""依照"。例如：

（16）建筑工人依（照）图纸进行房屋建造。

（17）剪纸的时候需要先依（照）原物的形状剪个大致轮廓出来。

第二，当介引的宾语表示单位、数值、数量等计量含义，空间顺序、时间顺序、期限等顺序、界限含义时，句中介词通常使用"按"而不是"按照"。例如：

（18）工作内容建议每周总结一次，按月上交。（单位）

（19）按及格率80%来算，这次考试有40个人通过了。（数值）

（20）同学们按个儿高低排好队。（空间顺序）

（21）别老让我提醒你，记着按时吃药。（时间顺序）

3.语用上的不同之处

在语用上，这些介词都形成了各自的固定搭配和介词框架，不同之处具体表现在以下六个方面。第一，介词"依"有自己的固定搭配，这些搭配中不能使用其他介词。例如：

（22）a.依法办事、依此类推

b.*依照法办事、*依照此类推

c.*按法办事、*按此类推

从语义上讲，这几个词的意义一致；但是由于"依法""依此"是固定用法，所以不能够替换。此外，"法""此"是单音节词，一般来讲，"依照"不和单音节词搭配，这是韵律上的语音限制。

第二，"按照""按"可跟一些特殊词语搭配，如"高矮""大小""好坏"。这些词的特点是含有两个意义相反的形容词。例如：

（23）这个班的同学已经按高矮排成了一列。

（24）你能不能帮我按照大小，分一下这堆苹果？

第三，"按""依"可以进入多种介词框架中，如"按/依＋人称代词＋看/说"。例如：

（25）按我说，还是坐地铁比较快。

（26）依我看，我们今天还是把工作做完吧。

第四，"按"可以进入"按＋理（＋说）"介词框架中。例如：

（27）按理，每个人都应该负责好自己的事情。

（28）按理说，他应该来了。

第五，"按""按照"可以进入"按/按照＋这么看/说"介词框架中。例如：

（29）按这么说，他们家现在过得比以前好都是靠艰苦创业。

（30）按照这么看，我们的成绩也有一份应该归功于他们。

第六，"按照""依照"多用于书面语或正式场合，而"按""依"多用于口语。例如：

（31）按100个人计算，需要2000元。

（32）你得依经理的意思办。

（33）请你按照课表上规定的时间上课。

（34）依照勾股定理进行计算。

现在我们再回过头来看一下开头的三个句子。例（1）是正确的。依照规则，例（2）和例（3）应该分别说成：

（2'）执法人员必须依法办事/依照（按照）法律办事。

（3'）按/依我看，现在的局势十分严峻。

综上，我们将介词"按""按照""依""依照"的异同归纳为表43-1。

表43-1 介词"按""按照""依"和"依照"的比较

比较项目	相同点	不同点			
		按	按照	依	依照
句法	介词短语可以在句首或句中做状语；介词短语前有否定副词或能愿动词修饰时，介词短语只能位于句中	可以进入"按+主谓短语"结构；既可以介引单音节名词做宾语，也可以介引双音节及以上的词或短语做宾语	可以进入"按照+主谓短语"结构；只能介引双音节及以上的词或短语做宾语	既可以介引单音节名词做宾语，也可以介引双音节及以上的词或短语做宾语	只能介引双音节及以上的词或短语做宾语
语义	介引依据类宾语，可以表示行为、动作遵从的事实依据，某种标准或对客观情况的推断依据	可以介引表示计量、顺序、界限等含义的宾语	—		介引的宾语所指代的事物在语义上含有"参照物原型""模仿样板"等含义
语用	—	可以形成"按高矮/大小/好坏"等固定搭配；可以构成"按+人称代词+看/说"的介词框架；可以构成"按+理（+说）"的介词框架；可以构成"按+这么看/说"的介词框架；多用于口语	可以形成"按照高矮/大小/好坏"等固定搭配；可以构成"按照+这么看/说"的介词框架；多用于书面语或正式场合	可以形成"依法办事""依此类推"等固定搭配；可以构成"依+人称代词+看/说"的介词框架；多用于口语	多用于书面语或正式场合

44. "给""为""替"一样吗?

下面几个句子中的"给""为""替"可以自由替换吗?

（1）理发师正在给/为/替顾客烫头发呢。

（2）大家都给/为/替你感到高兴。

（3）过节至少要给/为/替长辈打个电话。

（4）王老师给/为/替张老师上今天的数学课。

在第30、31问中，我们分别对介词"给"和"为"的用法进行了梳理。本问我们主要对"替"的用法进行说明，并对这三个介词进行比较。

一、"替"的用法

一说到"替"，大家可能会想到它的基本义是"替代"，是一个实义动词。其实，根据句法环境，"替"既可以是动词，也可以是介词。例如：

（5）他家里有点儿事儿，我替他。

（6）他家里有点儿事儿，我替他值班。

例（5）中的"替"在句中充当谓语动词；而在例（6）中，谓语动词"值班"位于"替"后面，"替"在句中是介词，与其宾语"他"构成介词短语，充当状语修饰"值班"。从这两个例句中我们可以看出，做动词和介词时，"替"的语义差异并不大，区别主要在于句法环境。

一般来说，介词"替"的宾语是指人的名词或代词，所构成的介词短语表示本应由宾语所指代的人进行的动作或行为，改由主语所指代的人承担。例如：

（7）副校长替校长签了字。

（8）他替我承担了大部分工作。

（9）妈妈替我把衣服洗了。

从介词宾语的性质看，"替"的宾语可以是替代的对象、受益者及关涉的对象。例如：

（10）最近经理很忙，所以这个会议由秘书替经理参加。（替代对象）

（11）王老师替张老师上今天的数学课。（替代对象）

在这些例句中，动词所表示的动作或行为本应由介词宾语所指代的人承担，但实际上却由主语所指代的人替代。当"替"介引受益者时，主语和介词宾语之间并没有替代关系，它表示主语发出的动作或行为所产生的结果使得介词宾语所指代的人、事物或团体等受益。例如：

（12）孩子替爷爷分担了很多家务。

（13）他替这家公司出色地完成了任务。

"替"介引的宾语还可以表示主语所关涉的对象。例如：

（14）我们都替你感到难过。

（15）父母常常替孩子着急。

此时，"替"介引的宾语一般是人，谓语中心语一般是表示心理状态的心理动词或形容词。

二、"给""为""替"的比较

"给""为""替"做介词时，都可以引进受益者。例如：

（16）孩子给／为／替爷爷分担了很多家务。

"为""替"做介词时，都可以引进主语心理活动关涉的对象。例如：

（17）父母常常为／替孩子着急。

这三个介词还有各自的特殊功能。"给"可以引进给予的对象、动作指向的对象，表示方向，表示命令，表示被动，等等；"为"可以介引宾语表示原因、目的等；"替"可以介引宾语表示替代的对象。

现在我们再来看一下开头的几个句子。例（1）中的介词宾语表示受益者，因此三个介词都可以使用；在例（2）中，介词宾语表示主语所关涉的对象，谓语中心语"高兴"是表示心理状态的形容词，因此只能使用"为""替"，不能使用"给"；在例（3）中，介词宾语表示动作指向的对象，因此只能使用"给"；在例（4）中，介词宾语表示替代的对象，因此只能使用"替"。所以，这四个句子的正确表达为：

（1'）理发师正在给／为／替顾客烫头发呢。

（2'）大家都*给 / 为 / 替你感到高兴。
（3'）过节至少要给 / *为 / *替长辈打个电话。
（4'）王老师*给 / *为 / 替张老师上今天的数学课。

综上，我们将介词"给""为""替"的用法归纳为表44-1。

表44-1　介词"给""为""替"的用法比较

介词	用法
给	引进受益对象； 引进给予对象； 引进动作指向的对象； 表示方向； 表示命令； 表示被动
为	引进受益对象； 引进心理活动所关涉的对象； 表示原因、目的
替	引进替代对象； 引进受益对象； 引进关涉对象

45. "在……中"和"在……里"一样吗？

"中"和"里"都是现代汉语中常用的方位词，二者在语义上存在相似性，但也不完全相同。

方位词"中"的基本义是表示三维实体空间中的"内"这一概念，并且侧重于表示空间位置的中心或中央。"里"字由"裏"字简化而成[1]，最初指衣服的里层，后来引申出了"里面""内部"的意思。与"中"不同，"里"不能表示"中心""中央""中间"的意义，它侧重于表示与"表""外"相对的意义。

---

[1] "里"是会意字，始见于西周金文，本义是居住之地。"裏"亦见于西周金文，是形声字，本义指衣服的内部，与"表"相对。后来"里"也表示里面、内部，通"裏"。现行汉字简化据此，将"裏"并入"里"。

本问主要对二者所介引的宾语进行句法和语义的比较。

一、介词宾语的句法比较

能进入"在……中"和"在……里"的主要有名词性宾语和谓词性宾语。我们首先看名词性宾语。

1. 名词性宾语

大多数具有空间处所义或环境义的具体名词都可以进入"在……中"和"在……里"。例如：

（1）他一个人心情混乱地待在教室里。（空间处所义）

（2）她在风雪里渐行渐远。（环境义）

表示划界事物的具体名词，如"门""窗""墙"等，虽不能进入"在……中"，却能进入"在……里"，起到划分里外的作用，如"在门里"与"在门外"相对。但是，并非所有出现在"在……里"中的划界事物名词都能起到划分里外界限的作用。比较下面两个例句：

（3）汪平关起大门来，躲在门里一个人发呆。

（4）一开门，看见老王直僵僵地躺在门框里。

例（3）中的"门"起到的是划分内外界限的作用，"门里"与"门外"相对，相当于"屋内"与"屋外"，"门"本身并不能作为空间容器；而在例（4）中，从"躺"一词可以看出，"门"虽然是一个常见的划界事物名词，但"框"的边界性决定了它在这里被视为一个空间容器，容纳物为"老王的身体"，这种表达方式更具有文学性。

大部分集合类名词都可以进入"在……里"中表示范围义，如"在人群里""在科学界里"等，这时的"在……里"与"在……中"一样，同表范围义，具有划分某个抽象性界限的作用。

然而，也存在小部分特殊的集体名词不能同时进入这两个结构。当"在……里"的宾语指某个社会单位、社会组织，以及单位和组织里的成员时，如"在工厂里""在公司里""在省里""在市里"，"在……里"一般不能用"在……中"替换，因为此时"在……里"的宾语实际上限定了群体人员的范围，这种搭配已经成为汉语中的习惯用法。

当介词框架"在……中"和"在……里"的宾语为抽象名词时，二者在大部分情况下可以互换。例如：

（5）在那样的环境中，我们还可以为国家尽一点儿力。

（6）你得答应我，在梦里也不走。

另外需要特别注意的是，当宾语是隐喻为抽象含义的人体器官名词时，其可以同时进入"在……中"和"在……里"，如"在手中／里""在心中／里"等。

2. 谓词性宾语

当宾语表示某个动态的动作时，其不能进入"在……里"，只能进入"在……中"。例如：

（7）在前进中，我们一定会遇到很多问题。

例（7）的"在前进中"不可以替换为"在前进里"，因为"在……中"可以表达持续的过程义，"在……里"则不具备类似的含义。但当宾语为表示心理活动的动作动词，如"想象""沉思"等，或是表示性质、状态属性的性状动词，如"遗忘""病"等时，它并不强调动作的过程变化，而是强调某种心理状态的持续性，因此可以进入"在……里"。例如：

（8）老年人的"过去"，在沉思里都是一样啊！

（9）只有这两篇不曾消失在遗忘里。

"在……中"和"在……里"的宾语既可以表示环境状态义，也可以表示情绪状态义。例如：

（10）落后地区的农民停滞在愚昧中／里。

（11）在寂寞中／里，我又想到过去的事了。

二、介词宾语的语义比较

"在……中"和"在……里"的宾语除了都可以表示基本的空间处所义外，还都可以表示抽象容器义、范围义、时间义和状态义。例如：

（12）我们在教室中／里上课。（空间处所义）

（13）他的命运掌握在我的手中／里。（抽象容器义）

（14）在现实生活中／里，这种看法是错误的。（范围义）

（15）在过去的十年中／里，他一事无成。（时间义）

（16）没有人生活在绝望中／里。（情绪状态义）

（17）他倒在黎明前的黑暗中／里。（环境状态义）

二者还存在一些区别。首先，"在……中"可以表示动作的持续过程义，"在……里"则不行。例如：

（18）他在谈话中一有机会就偷偷看表，希望谈话赶快结束。

（19）哥哥总是有意无意地在谈话里批评我。

例（18）描述的是现在正在发生的动作，"在谈话中"强调的是"谈话"行为的整体过程，并且该行为一直在持续中；而例（19）是在叙述已经发生过的动作，"在谈话里"中的动词"谈话"已经名词化，强调的是"谈话"这一事件，该行为已经发生过了，不再具有持续性。

其次，介词框架"在……里"可以表示划分内外的划界义，如"在门里""在窗里""在墙里"，该语义由方位词"里"赋予，"在……中"则不具有划界义。

此外，"在……中"和"在……里"还发展出各自的固定搭配，如"乐在其中""蒙在鼓里"。

最后，在语用上，"在……中"的书面语色彩更浓，"在……里"的口语色彩更浓。例如：

（20）各种古代字体在该字典中皆有所收录。

（21）我曾在字典里查过"伴侣"这个词。

例（20）中的用词多为书面语，语体正式；例（21）的"在字典里"出现在口语对话中，用词较为随意。

综上，我们将介词框架"在……中"和"在……里"的异同归纳为表45-1。

表45-1 介词框架"在……中"和"在……里"的比较

比较项目	相同点	不同点	
		在……中	在……里
句法：介引名词性宾语	介词宾语可以是具有空间处所义或环境义的具体名词；介词宾语可以是大部分集合类名词；介词宾语可以是大部分抽象名词；介词宾语可以是隐喻为抽象含义的人体器官名词	—	介词宾语可以是表示划界事物的具体名词；宾语可以指某个社会单位、社会组织，以及单位和组织里的成员，用以限定群体人员的范围
句法：介引谓词性宾语	介词宾语可以表示环境状态义、情绪状态义；介词宾语可以是表示心理活动的动作动词，或是表示性质、状态属性的性状动词	介词宾语可以表示某个动态的动作	—
语义	介词宾语除了可以表示空间处所义外，还可以表示抽象容器义、范围义、时间义和状态义	可以表示动作的持续过程义	—
		—	可以表示划分内外的划界义
		有"乐在其中"等固定搭配	有"蒙在鼓里"等固定搭配
语用	—	书面语色彩更浓	口语色彩更浓

46. 表达意见的"在……看来"和"对……来说"一样吗？

"在……看来"和"对……来说"两个介词框架都可以表示说话人的意见，但是二者并不是在任何情况下都可以互换。汉语作为第二语言学习者常常在使用中混淆两者，例如：

（1）*对我来说，人与人之间应该保持距离。

（2）*对我来说，他们得到了很好的成绩，给他们国家和人们留下了很深的印象。

"在……看来"的使用范围更广，汉语作为第二语言学习者在使用中常出现的偏误是用"对……来说"误代。在第54问中，我们将介绍"对……来说"系列结构的特点，这里不再赘述。本问主要介绍"在……看来"的特点，并对二者进行对比。

一、"在……看来"的特点

1. 句法上

我们先看介词宾语的类型。与"对……来说"类似，在"在……看来"结构中，介词宾语主要是名词、代词以及相应的短语，整个结构一般在句首充当状语或在句中充当插入语。例如：

（3）在现在看来，80年代的办公条件算是十分简陋了。

（4）你们的优势在我看来已经十分明显了。

（5）在专家看来，失业问题是目前所面临的最大挑战。

2. 语义上

在语义上，该介词框架的功能主要有两项。一是介引评价主体。介词框架"在……看来"作为一个评价标记，其后续句主要是对某个人、事物、事件等进行评价。当介词宾语表示人时，该介词框架具有介引评价主体的功能，介引的宾语一般就是评价的发出者，如例（4）中的"我"和例（5）中的"专家"就是评价主体；而当介词宾语不表示人时，评价的发出者一般是说话人，如例（3）中的评价主体是说话人，说话人认为"80年代的办公条件算是十分简陋了"。

二是介引范围。当介词框架"在……看来"的宾语不表示人时，它一般表示对后续评价进行范围上的限定。例如：

（6）这笔在目前看来大有希望的投资能赢得丰厚的利润。

（7）在世俗看来，他的做法简直不可理喻。

介引范围时，介词宾语可以是时间，表示限定的时间范围，如例（6）；还可以是某种观点、主义、学派，转指持这些观点、主义或支持这些学派的人，表示限定评价的范围，如例（7）。

二、"在……看来"和"对……来说"

"在……看来"和"对……来说"中的"看来"和"来说"都已虚化，不再表达字面意义。当表示主体对与之相关的某个人或事件的评价时，"在……看来"和"对……来说"可以互换。例如：

（8）a.在我看来，100万首付是一笔不小的数字。

b.对我来说，100万首付是一笔不小的数字。

但这种互换并不是完全等同的。"在……看来"更强调主观的评价，而"对……来说"更强调客观的事实。如果介词宾语采用其他人称，则更能体现这一特点。例如：

（9）a.在泰国人看来，汉语声调不难，但学好它很难。

b.对泰国人来说，汉语声调不难，但学好它很难。

在例（9a）中，"汉语声调不难，但学好它很难"更像是泰国人自己的观点；而在例（9b）中，"汉语声调不难，但学好它很难"则更像是第三方说话人的观点。

此外，"在……看来"后接的评价内容限制较少，任何与介词宾语所指的人或事有关或无关的内容都可以；而"对……来说"后接的评价内容则需要与介词宾语所表示的人或事直接相关。例如：

（10）在我看来，这双鞋物有所值。

（11）在我看来，他们之间应该是平等的。

例（10）可能发生在一个买鞋的场景中，"我"认为鞋买得值，这一评价的内容与介词宾语"我"直接相关；例（11）的评价内容"他们之间应该是平等的"与介词宾语"我"的关系就没有那么直接了。

（12）对我来说，这双鞋物有所值。

（13）*对我来说，他们之间应该是平等的。

例（12）的评价内容与介词宾语"我"直接相关，可以用"对我来说"；但例（13）的评价内容与介词宾语"我"的关系就没有那么直接了，所以不能使用"对我来说"。

综上，我们将介词框架"在……看来"和"对……来说"的异同归纳为表46-1。

表46-1 介词框架"在……看来"和"对……来说"的比较

相同点	不同点	
	在……看来	对……来说
可以表示主体对与之相关的某个人或事件的评价	强调主观的评价	强调客观的事实
	后接的评价内容与介词宾语所指的人或事有关、无关均可	后接的评价内容需要与介词宾语所表示的人或事直接相关

第四部分　多义介词辨正

47. "除了他"究竟有没有"他"？

留学生在学习介词"除了"的时候，教材中对应的英文翻译一般是"except"，所以他们常常会说出"除了他，全部的同学去了"这样语义不明的偏误句。周小兵（1991）曾考察过"除"字句，大致将其分为两大类：包含式和排除式。例如：

（1）a. 除了他，班里其他人也走了。
　　　b. 除了他，班里其他人都走了。

其中，例（1a）是包含式，走的人里包含"他"；例（1b）是排除式，走的人里不包含"他"。在英语中，两类句式所用的介词不同。例如：

（2）a. Other than/Besides him, the rest of the class also left.
　　　b. Everyone else in the class has left except him.

例（2a）中的"other than/besides"相当于汉语包含式的"除了"，例（2b）中的"except"相当于汉语排除式的"除了"。

本问我们将对两种意义的"除了"句的句法、语义特点进行梳理。

一、包含式"除了"

包含式"除了"句主要指像例（1a）这样的句子，前一分句已知的对象或内容与后一分句未知的对象或内容共同做出了某动作或共有某属性或特征，二者是并列关系。包含式"除了"构成的关联结构有"除了……也……"和"除了……

还……"。例如：

（3）a.<u>除了</u>中国朋友，我<u>也</u>交了很多韩国朋友。

　　　b.<u>除了</u>中国朋友，我<u>还</u>交了很多韩国朋友。

（4）a.<u>除了</u>唱歌，我<u>也</u>跳了舞。

　　　b.<u>除了</u>唱歌，我<u>还</u>跳了舞。

但是，二者不是在任何情况下都可以互换的。例如：

（5）a.<u>除了</u>四川火锅，酸菜鱼<u>也</u>很好吃。

　　　b.*<u>除了</u>四川火锅，酸菜鱼<u>还</u>很好吃。

当前后分句的主语不同时，后一分句的谓语前只能用"也"。我们将例（5b）的两个分句主语统一后该句即可成立。例如：

　　　c.<u>除了</u>四川火锅，我<u>还</u>觉得酸菜鱼很好吃。

在句法上，"除了……也……"可以用于主语、谓语、宾语的并列；"除了……还……"只能用于谓语、宾语的并列，不能用于主语的并列。所以，当分句的前后主语不一致时，后一分句中不能用"还"。

除了句法上的不同，二者在语义上也有差异。"除了……也……"只表示并列，"除了……还……"在表示并列的同时还有对相关信息进行补充说明的意味，这是"除了……也……"所不具备的。如果将"还"替换成"也"，句子表达的意思也就改变了。试比较：

（6）a.我们昨天<u>除了</u>去了博物馆，<u>也</u>去了公园。

　　　b.我们昨天<u>除了</u>去了博物馆，<u>还</u>去了公园。

例（6a）中的"也"换成"还"之后，原本并列的意义减弱了，增加了补充、添加的意味。另外，当"除了"介引的成分是谓语，后一分句和前一分句共享主语且后一分句承接前一分句表示建议时，后一分句中可以不用"也"或"还"。例如：

（7）<u>除了</u>吃火锅，来四川一定要去看大熊猫。

二、排除式"除了"

排除式"除了"句主要指像例（1b）这样的句子，将前一分句已知的对象或内容排除在外，仅后一分句的对象或内容共同做出了某动作或共享某属性或特征，二者是排除关系。排除式"除了"构成的关联结构有"除了……都……"和"除了……全……"。例如：

（8）除了丁荣和王伟，班里的其他同学都到了。

（9）除了牛肉，其他的肉类他全不吃。

当后一分句中含有表示周遍意义的词或短语时，后一分句中也可以不用"都"或"全"。例如：

（10）除了周六、周日，我们天天有课。

（11）除了西瓜，他家卖的水果一样比一样便宜。

另外，当"除了"介引的成分是谓语，后一分句和前一分句共享主语且后一分句表示就某一点进行评价或否定时，后一分句中也可以不用"都"或"全"。例如：

（12）除了血压有点儿高，爷爷身体很健康。

（13）除了地处闹市，这套房子的优点实在是太多了。

（14）我除了跳舞，没有其他的事情。

排除式"除了"句的语义重心在后一分句，因此在交际时，"除了"所在的分句常常被置于后面。例如：

（15）我们都挺喜欢王老师的，除了汤姆。

无论是排除式"除了"，还是包含式"除了"，它们都既可以用在主语之前，也可以用在主语之后。二者都可以构成介词框架，如"除了……以外""除了……之外"和"除了……外"等。例如：

（16）我除了美术以外，还喜欢音乐和舞蹈。

（17）除了非洲之外，别的地方我都没去过。

"除了"有时候还可以写成"除"，多用于书面语，一般用在介词框架"除……以外/之外/外"中，此时整个分句一般出现在主语前，不能后置。例如：

（18）除中国南部外，台风还席卷了日本、韩国的一些区域。

（19）除家电之外，我们的经营范围还包括数码电器、智能产品。

综上，我们将介词"除了"的用法归纳为表47-1。

表47-1　介词"除了"的用法

细目	用法
包含式	"除了"所在的分句与后一分句是并列关系； "除了……也……"：用于主语、谓语、宾语的并列，表示并列关系； "除了……还……"：用于谓语、宾语的并列，表示并列关系的同时还表示补充说明
排除式	"除了"所在的分句与后一分句是排除关系； 关联结构有"除了……都……"和"除了……全……"； "除了"所在的分句可以后置
共性	可以用在主语前后； 可以构成介词框架"除了……以外 / 之外 / 外"
其他形式	"除……以外 / 之外 / 外"，多用于书面语，整个分句一般用于主语前

48. "给"究竟有几种意思？它们都是介词吗？

下面几个句子中都含有"给"，这些句子中的"给"都是介词吗？

（1）我们给老师一束花儿。

（2）这件衬衫下周他生日时我要送给他。

（3）新手机让我给弄丢了。

"给"在现代汉语口语中用得十分广泛，主要的用法是构成介词短语后做状语。除此之外，"给"还大量用作动词、助词。本问我们将系统介绍"给"作为介词的用法，也会顺带介绍一下"给"作为动词和助词的用法。

一、"给"作为介词

做介词时，"给"主要有五种用法。第一，介引给予、传递的接受者。例如：

（4a）家里给杰克寄来了一个包裹。

（5a）老师给每个同学发了一个本子。

这两例中的介词"给"介引的动作接受者在语义上是中性的。此时，介词短语既可以放在动词的前面，也可以放在动词的后边。例如：

（4b）家里寄给杰克一个包裹。

（5b）老师发给每个同学一个本子。

介词短语放在动词前或动词后虽然会导致句子句型不同，但它们都可以被称为"双及物结构"。

第二，介引动作的受益者或受损者。例如：

（6）医生们正在给病人做手术。

（7）快来给我帮个忙。

（8）玻璃给你砸碎了。

第三，与代词"我"一起构成介词短语"给我"，常常用于语气强烈的祈使句，表示命令。例如：

（9）你给我小心点儿。

（10）给我走开！

第四，介引动作的对象，表示动作的方向。例如：

（11）你赶快给她道个歉吧。

（12）小学生们给士兵敬礼。

第五，介引动作行为的发出者，表示被动。例如：

（13）衣服给雨淋湿了。

（14）老王的钱给骗子骗光了。

需要注意的是，表被动与介引动作的受损者这两种用法在句法形式上可能完全相同，具体表示什么意义需要通过语境进行判断。以例（8）"玻璃给你砸碎了"为例，当"给你"介引的是动作的受损者时，句子意思是"玻璃属于你，其他人把你的玻璃砸碎了"；当"给你"介引的是动作行为的发出者，表示被动时，句子意思是"玻璃被你砸碎了"。

二、"给"作为动词

做动词时，"给"主要有两种用法。第一，表示给予、传递，使对方得到。这是动词"给"最主要的用法。例如：

（15）他给了我一盆花儿。

（16）我们给了他一个闭门羹。

与"给"做介词最大的不同是，这里的"给+指人宾语+指物宾语"之后，不再出现动词。

第二，表示使对方做某事或容许对方做某事。例如：

（17）农场拨出一块地来给他们做实验。

（18）高铁车厢里不给抽烟。

这两例中的"给"都可以用动词"叫""让"进行替换。

三、"给"作为助词

"给"作为助词时，更多的是用在"把"字句和被动句中，一般出现在句型"主语+把/被/叫/让+介词宾语+给+动词+其他成分"中。例如：

（19）他把新买的衣服给弄了一个大窟窿。

（20）这套茶具被我给打碎了一个茶杯。

现在我们再回头来看一下开头的三个句子：

（1）我们给老师一束花儿。

（2）这件衬衫下周他生日时我要送给他。

（3）新手机让我给弄丢了。

例（1）中的"给"用在"主语+给+指人宾语+指物宾语"的结构中，"给"之后再无动词，因此它是一个动词；例（2）中的"给"用在动词"送"之后，用来介引给予的对象，是介词；例（3）中的"给"用在被动句"主语+让+介词宾语+给+动词+其他成分"中，是助词。

综上，我们将"给"的所有词性及用法归纳为表48-1。

表48-1 "给"的词性及用法

词性	用法
介词	介引给予、传递的接受者； 介引动作的受益者或受损者； 构成介词短语"给我"，表示命令； 介引动作的对象，表示动作的方向； 介引动作行为的发出者，表示被动
动词	表示给予、传递； 表示使对方做某事或容许对方做某事
助词	用在"把"字句和被动句中，一般出现在句型 "主语+把/被/叫/让+介词宾语+给+动词+其他成分"中

49. "对"究竟有几种意思？它们都是介词吗？

"对"是现代汉语中很有特色的一个多义词，也是汉语作为第二语言学习者较难习得的一个词。除了介词之外，它还有多个词性。本问我们将对它的介词用法进行全面的归纳，同时总结其其他词性的用法。

一、介词"对"

做介词时，"对"主要有三种用法。第一，表示面对、朝向。此时，"对"介引的宾语一般是人，整个介词短语修饰的动词一般是与五官、肢体、情绪、言语有关的动作动词，如"点头""招手""开（玩笑）""打（招呼）""发（脾气）""说""喊""讲"等。例如：

（1）女朋友最近常常对他发脾气。

（2）他对我招了招手，让我快点儿过去。

第二，表示对待。此时，"对"介引的宾语可以是人，也可以是物，介词短语一般修饰表示情感态度的动词或动词性短语。例如：

（3）王阿姨对我们表示感谢。

（4）小光从小就对科学非常感兴趣。

（5）老先生在北京生活了一辈子，对这个城市十分了解。

第三，"对"可以构成一些特殊的结构。

a. 介词框架"对+人+来说"。例如：

（6）对一班的学生来说，李老师就是他们的妈妈。

b. "对A有B"。"A"一般是指人的名词或代词，"B"主要是"感情""意见""礼貌""好处""看法""信心""帮助""影响""作用"等词语。例如：

（7）我们对你有信心。

（8）这本书对我通过考试有帮助。

c. "对+宾语+的+动词/名词"。"宾语"可以是指人的名词或代词，也可以是指物的名词性成分。"动词"主要有以下几类：①表示态度的，如"同情""关心""尊重""期望"等；②表示评价的，如"议论""评价""肯定""否定"等；③表示对受事宾语施加作用或影响的言语动词或行为动词，如"保护""分析""教育""警告""表扬"等。"名词"主要有以下几类：①主观感受类，如"爱""感情""意见""好处""看法""印象""感觉""态度"等；②客观影响类，如"影响""作用""报道"等。例如：

（9）妈妈对孩子的爱是无私的。

（10）大家对小王的评价都很好。

（11）我们都佩服她对这个问题的分析。

（12）常吃海带对身体的好处很多。

（13）中华文化对周边国家的影响很大。

d. "对+宾语+表示+动词"。"宾语"可以是指人的名词或代词，也可以是指物的名词性成分。"动词"主要是表达主观情感态度或主观评价的多音节动词或短语，如"感激""关心""佩服""信任""欢迎""肯定""否定""同意""赞成""负责""满意""感兴趣"等。例如：

（14）赵老师对新生们表示欢迎。

（15）顾客对商场的服务表示满意。

e. "对+宾语+进行/加以+动词"。"宾语"可以是指人的名词或代词，也可以是指物的名词性成分。"动词"主要是表示动作行为的双音节动词，如"保护""调查""分析""改革""监督""支持"等。例如：

（16）检察机关正在对他进行调查。

（17）我们要对这些名胜古迹加以保护。

一些表示言语行为的双音节动词也可以进入这个介词框架，如"教育""表扬""批评""说明""解释""宣传""讨论"等。例如：

（18）老师对他的行为进行了教育。

（19）请您对大家不理解的地方加以解释。

f. "对 + 宾语 + 感到 / 充满 + 心理动词 / 形容词"。"宾语"可以是指人的名词或代词，也可以是指物的名词性成分。"心理动词 / 形容词"主要是表示态度和兴趣的，如"感激""反感""灰心""陌生""愤怒""绝望""温柔""满意""不满""热情"等。例如：

（20）学生们对老师感到不满。

（21）他对志愿活动充满热情。

二、其他词性的"对"

除了用作介词，"对"还可以用作量词、形容词和动词。

第一，用作量词。"对"作为量词表示按一定条件配合的两个人、动物、事物，或仅仅两个在一起的同类的人或物。例如：

（22）一对夫妻

（23）一对耳环

（24）一对矛盾

（25）一对鹦鹉

第二，用作形容词。"对"作为形容词表示正确。例如：

（26）你回答对了。

第三，用作动词。"对"作为动词表示对待、对阵，后面需要带宾语。例如：

（27）不能这样对你的恩人。

（28）这次比赛是中国队对美国队。

"对"作为动词还表示朝、向。例如：

（29）我家和他们家对着。

固定格式"对了"在现代汉语中已经词汇化，常用在句首，表示突然想起什么事。例如：

（30）对了，你收到邮件了吗？

综上，我们将"对"的所有词性及用法归纳为表49-1。

表49-1　"对"的词性及用法

词性	用法
介词	表示面对、朝向； 表示对待； 可以构成特殊结构：对+人+来说；对A有B；对+宾语+的+动词/名词；对+宾语+表示+动词；对+宾语+进行/加以+动词；对+宾语+感到/充满+心理动词/形容词
量词	表示按一定条件配合的两个人、动物、事物，或仅仅两个在一起的同类的人或物
形容词	表示"正确"义；"对了"用在句首
动词	表示对待、对阵； 表示朝、向； 可以构成固定格式"对了"

50. "就"究竟有几种意思？它们都是介词吗？

下面几个句子中的"就"都是介词吗？它们分别表示什么含义？

（1）这儿就是我们的学校。

（2）这个问题早就有结论了。

（3）他们就一个孩子。

（4）丢就丢了，大不了再买一个新的。

（5）你就到了，我也不会给你开门的。

在现代汉语中，"就"是一个重要的虚词，其意义和用法十分丰富，是汉语作为第二语言学习者习得的重点和难点。其实，以上各句中的"就"都不是介词。那么，什么样的"就"是介词呢？它又有哪些使用规则呢？本问我们就来系统梳理一下"就"的词性和用法。

一、介词"就"

介词"就"主要有三种用法。第一，介引动作的对象。此时，"就"构成的介词短语修饰的动词或动词性短语多表示言语行为。例如：

（6）同学们就班委改选的问题交换了意见。

（7）与会代表就全球变暖问题进行了热烈的讨论。

"就"介引动作的对象且修饰的动词性短语是"交换意见""发表看法""进行谈话"等时，整个介词短语可以位于句中，也可以位于句首，介词宾语充当话题。例如：

（8）就知识产权问题，委员们发表了看法。

（9）就两国关系问题，两国元首进行了谈话。

第二，介引话题的范围。介引话题的范围时，句中常常使用介词框架"就……而言""就……（来）说/看"。例如：

（10）就气候而言，昆明的条件是十分优越的。

（11）就工作经验来看，你比别人要丰富些。

（12）就声调来说，仍有很多学生存在困难。

第三，介引时机、条件，表示利用，也可以说成"就着"。例如：

（13）做了一天的手术，医生们累得就墙睡着了。

（14）山东人吃煎饼的时候喜欢就着大葱吃。

除了介词之外，"就"作为虚词还有副词和连词两种词性。

二、副词"就"

副词"就"有七种基本用法。第一，表示在很短的时间内，和"马上""立刻"相同，常常放在一起使用。例如：

（15）我们不知道这里不能停车，我们马上就走。

（16）一过6点，天立刻就黑了。

第二，表示事情发生得早或结束得早。此时，"就"之前需要有表示早量的短语修饰。例如：

（17）李利从小就知道心疼父母。

（18）他20岁就结婚了。

第三，表示前后两件事情接连发生，常常用在"一……就……"格式中。例如：

（19）老师一讲完我就明白了。

（20）我一看到孩子就开心。

第四，加强肯定，表示意志坚决，不容改变。例如：

（21）你不让我去，我就要去。

（22）沙利文就在这里学汉语。

第五，限定范围，和"只"意思相同。例如：

（23）我们班就山田来自日本。

（24）目前，就这种型号的电脑缺货。

第六，作为复句后一分句中的关联词语，与前一分句的关联词语共同表达各种关系，如"如果……就……""只要……就……""既然……就……"。例如：

（25）如果懂得一种方言，就能更好地跟当地人交流。

（26）只要肯努力，就会有进步。

第七，"就"用在两个相同成分之间，常表示容忍。例如：

（27）大点儿就大点儿吧，买下算了。

三、连词"就"

"就"作为连词，使用频率较低，主要用在前一分句的主语之后，表示让步，与"即使""就算""就是"等连词相同。例如：

(28) 你<u>就</u>拿走了这把锁，也没有钥匙可以打开它。

(29) 我<u>就</u>再努力，也没办法赶上你。

现在我们再回过头来看一下开头的五个句子。例（1）中的"就"是副词，表示加强肯定；例（2）中的"就"是副词，表示事情发生得早；例（3）中的"就"是副词，表示限定范围；例（4）中的"就"也是副词，表示容忍；例（5）中的"就"是连词，表示让步。

综上，我们将"就"的所有词性及用法归纳为表50-1。

表50-1　"就"的词性及用法

词性	用法
介词	介引动作的对象； 介引话题的范围； 介引时机、条件，表示利用
副词	表示在很短的时间内； 表示事情发生得早或结束得早； 表示前后两件事情接连发生； 加强肯定，表示意志坚决，不容改变； 限定范围； 表示关联； 表示容忍
连词	表示让步

51. 怎么用"在……中"？

介词框架"在……中"属于后置词为单音节方位词的介词框架结构，是现代汉语口语和书面语中使用频率都比较高的一个介词框架结构；同时，作为《国际中文教育中文水平等级标准》中所列的四级语法点，也是汉语作为第二语言学习者的一个重难点。本问我们将对这一介词框架的句法功能和语义功能进行分析。

一、"在……中"的句法功能分析

"在……中"在句中一般做状语、补语和定语。处于句首做状语时，多起到限制的作用。例如：

（1）在新评选出的"世界七大奇迹"中，中国长城的得票率名列榜首。

（2）在新社会的建设中，我们不应该仅仅是感动者，更应该是切实的践行者。

例（1）的"在……中"限制了"评选"的范围是"世界七大奇迹"，例（2）的"在……中"限制了整个句子的背景是"新社会的建设"。"在……中"做句首状语时既可以限制具体的实物、处所的范围，也可以限制抽象的时间、社会背景的范围。

处于主语后、谓语前做状语时，"在……中"在语义上多起到突出强调的作用。例如：

（3）青松在寒风中屹立，红色的山峦在群山峻岭中显得格外挺拔。

例（3）中的"在……中"强调了"青松"所处的生存环境是"寒风"和"山峦"所处的具体处所空间是"群山峻岭"。

"在……中"做补语时多补充说明动作发生的处所空间或环境。例如：

（4）有眼水井，埋在松叶堆中。

（5）妈妈望着她的背影消失在茫茫的烟雨中。

例（4）中的"松叶堆"为具体的处所，而例（5）中的"茫茫的烟雨"为较抽象的环境。另外，"在……中"做补语时，前面所修饰的动词多为表示存在、变化、消失的存现动词或动作动词，如"消失在茫茫的烟雨中"的"消失"。

少数情况下，"在……中"可以做定语，此时其后一般要带结构助词"的"。例如：

（6）她还是一个在成长中的小姑娘。

（7）在她记忆中的一切都是美好的。

二、"在……中"的语义功能分析

"在……中"最基本的语义是空间义。空间范畴是人类对客观世界的认知中最基本的关系范畴。随后,"在……中"又引申出了状态义、范围义、时间义、过程义等多种语义。

第一,空间义。例如:

(8)那冰冷的灯光在大厅中一闪一闪。

(9)在他眼中,吴老师是无可替代的。

(10)过去的岁月清清楚楚地印在老人的记忆中。

在例(8)中,"在大厅中"表示"灯光"这一主体存在的具体空间位置。当人们对事物的认知从具体范畴发展到抽象范畴后,许多表示身体器官的名词也可以进入"在……中",如例(9)的"在眼中",以及"在手中""在心中"等;一些具有容器义的抽象概念也可以进入"在……中"表示抽象的空间义,例(10)中的抽象名词"记忆"作为容器容纳了"过去的岁月"。

第二,状态义。部分表示抽象状态的名词或形容词也可以进入"在……中",这是由于"状态"本身也具有容器义,我们常说的"身处于绝望中""处于兴奋中"就体现了这种容器义。"在……中"表达状态义时可分为环境状态义和情绪状态义两类,分别表示外部环境的状态氛围和个人内心的情绪感受。例如:

(11)这是久经沙场的英雄,倒在黎明前的黑暗中。

(12)时间就在踌躇不定中一分一秒地过去。

第三,范围义。"在……中"表达范围义时既可以表示具体的空间范围,也可以表示抽象的空间范围。与空间义不同的是,表达范围义的"在……中"在句中更强调"边界""界限"的存在。例如:

(13)填鸭式教育使学生的思维局限在机械性活动中。

(14)如果到医院里去检查的话,大夫在列举的病情中一定会有这一条:小便失禁。

例(13)的"在机械性活动中"强调"机械性活动"与"非机械性活动"的界限;例(14)的"在列举的病情中"强调"所列举的病情"的范围,它与"未列举的病情"形成鲜明的界限。常见的表达范围义的说法还有"在这五千人中""在艺术界中""在他的领域中"等。

第四,时间义。"在……中"表示某个事件或动作行为所发生的时间段。例如:

(15) 小亮亮跟着妈妈,就在这寂寞的日子中一天天往大长。

(16) 乐观的态度在最近20年中一点儿也没有改变。

在上述例句中,进入介词框架"在……中"的宾语无论是"这寂寞的日子"还是"最近20年"都是一个相对完整且连续无间隔的时段,这些时段为整个句子的谓语中心语"往大长""改变"提供了容器。

第五,过程义。从时间维度上看,一个动作或事件发生的起点与终点相当于容器的两个边界,而介于这两个时间点之间的动作或事件推进过程就是容器的内容物,因此"在……中"也可以表达过程义,用于强调动作或事件的持续性。例如:

(17) 这是乔布斯在演讲中一直使用的技巧。

(18) 弟弟在这场争执中一直保持中立。

综上,我们将介词框架"在……中"的句法功能和语义功能归纳为表51-1。

表51-1 介词框架"在……中"的句法功能和语义功能

维度	具体功能
句法	做状语,处于句首多起限制作用,处于句中多起强调作用; 做补语,补充说明动作发生的处所空间或环境; 做定语,其后一般要带结构助词"的"
语义	表达空间义,表示动作行为发生的具体处所或抽象处所,如"在眼中""在记忆中"; 表达状态义,分为环境状态义和情绪状态义; 表达范围义,具体的空间范围和抽象的空间范围皆可,强调界限; 表达时间义,表示某个事件或动作行为发生的时间段; 表达过程义,强调动作或事件的持续性

52. "在……的时候/时"只表示时间吗？

我们知道，介词"在"最基本的用法之一就是介引时间短语表示事情发生的时间。"在"与"的时候/时"构成的介词框架"在……的时候/时"则进一步证明了它的功能是表示时间。其实，除了表示时间，介词框架"在……的时候/时"还有其他的用法。例如：

（1）我在生病的时候，才会想家。
（2）在我将死的时候，回顾过去，我希望我的一生没有虚度。

显然，这两个句子中的"在……的时候"并不表示时间。本问我们主要讨论介词框架"在……的时候/时"的用法。

一、表示时间

介词框架"在……的时候/时"的基本意义是表示时间，在句中一般充当句首状语，表示当一个事件发生时，后续句中的另一个事件也发生。例如：

（3）在孩子生病的时候，他的胃口一定不好。
（4）在我们把事情告诉他时，他大惊失色，不愿相信。
（5）在明天我醒来时，我希望看到早上的阳光。

由以上三例可知，"在……的时候/时"表示时间时，其对句中事情发生的具体时间并无要求：可以是现在的时间，如例（3）；也可以是过去的时间，如例（4）；还可以是将来的时间，如例（5）。

二、表示条件

一般来说，"在……的时候/时"介引的宾语所表示的事件在时间上发生在后续句所表示的事件之前。如果两个有必然相关性的事件在时间链条上依次发生，前一事件很容易被看作条件，因为客观事物发展的规律是在一定的条件作用下产生一定的结果。在逻辑顺序上，条件在先，结果在后；在语序上，条件处于结论之前。从时间范畴到条件范畴的虚化是人类语言演变的一个一般规律。表示时间的"在……的时候/时"在很多情况下兼有表示条件的意味。例如：

（6）在通货膨胀出现的时候，物价会上涨。

（7）在闲下来的时候，我们就会去野外郊游。

在例（6）中，在时间上，"通货膨胀出现"往往在前，"物价上涨"在后，同时前者也是后者的条件，是引发后者的致使因素；在例（7）中，"闲下来"也可以看作"去野外郊游"的条件。

有时，我们可以看到表示条件的连词"只有"出现在介词框架"在……的时候/时"前，这更明确地彰显了这种关系。例如：

（8）只有在她和父母在一起的时候，她才稍稍忘掉一点儿内心深重的忧虑。

（9）只有在一个人独处的时候，他才可以完全成为自己。

此时，"在……的时候/时"所表示的并非某一时间，"时候/时"的意义明显虚化，更多地表达引起某种结果产生的条件因素，即表示条件。

三、表示假设

前面提到，"在……的时候/时"可以表示将来的时间，在这种情况下，前后两个事件都是未然事件。如果说话人假定第一个未然事件发生在现实世界，并产生某种结果（即第二个未然事件），那么"在……的时候/时"可以表示假设。例如：

（10）如果你在工作的时候忙私事，那么老板一定会开除你的。

（11）在春天的时候来这里，你会看到满园烂漫的春花。

需要注意的是，表示条件时，"在……的时候/时"一般是作为状语出现在句首；而表示假设时，"在……的时候/时"一般是作为状语出现在前一分句中。

53. "从"构成的介词框架有哪些语义功能？

"从"是现代汉语中一个基本的介词，用法多样，构成的介词短语可以表达多重意义。相应地，其很多用法都存在介词框架形式。据陈昌来（2014）统计，常与介词构成介词框架的语言单位包括方位词、名词、介词、动词、准助词等。它们均可以与"从"构成介词框架,如"从……中"(方位词)、"从……方面"(名词)、"从……向……"(介词)、"从……看"(动词)、"从……来说"(准助词)。本问我们将对"从"构成的介词框架进行分析。

一、与介词"从"构成介词框架的后置成分

与"从"构成介词框架的后置成分主要有五类。第一是方位词。"从"常常与方位词"上""下""里""中"共现,表示起点、方向等意义。例如:

(1)从树林里跑出两只熊。

(2)从奶奶的眼中,我们看到了岁月的沧桑。

第二是名词。"从"与名词主要构成"从……角度""从……方面""从……视角"等介词框架。例如:

(3)张老师从教育学角度为我们介绍了几种国际上流行的教学方法。

(4)从综合素质方面,我们倾向于录取第三位考生。

第三是介词。限于几个表示方向的介词,如"向""往"等,它们与"从"构成"从……向……""从……往……"等介词框架。例如:

(5)沿着这条路从南向北走,你会看到春、夏、秋、冬四季不同的美景。

(6)这条路从南往北一共20公里。

第四是动词。主要是与视觉和言说有关的动词,如"从……看""从……说/讲"。例如:

(7)从经济的角度看,他的提议十分中肯。

(8)从这个角度说,我们还是有很多进步的。

第五是准助词。准助词指一些在句法分布上接近于助词,但是还没有完全虚化为典型助词的词语。一些准助词与"从"构成"从……来看""从……来说/来讲""从……而言"等介词框架,其用法与"从……看""从……说/讲"类似。

二、"从"构成的介词框架的语义功能

"从"构成的介词框架主要有三种语义功能。第一，表示起点。介词"从"最基本的意义便是表示时间和空间的起点。"从"构成的介词框架大多能够表示具体的或抽象的起点。例如：

（9）莱丽从书包里取出几本书。

（10）从明天开始，请在7：30前到教室。

（11）要想做好大事，要从小事做起。

例（9）中的介词框架"从书包里"表示空间的起点，例（10）中的介词框架"从明天开始"表示时间的起点，例（11）中的介词框架"从小事做起"表示范围的起点。

第二，表示事情的依据或来源。这一意义是从起点义抽象引申而来的。例如：

（12）从他的表情上，我们可以看出他的真诚。

（13）从老同学那里，我们得知了班主任的近况。

（14）记者从前方获悉，这场强台风已致八十多间房屋倒塌。

其实，"从"表示依据时，其后更多地使用视觉类、言说类动词和准助词，构成"从……（来）看""从……（来）说/讲""从……而言"等介词框架。这些结构中的动词已经完全虚化，看不出本来的意义了，其功能主要是引出说话人对某人或某事发表观点、进行评价的依据，具有很强的主观性。

第三，表示时间和空间上的延续和过渡。这种语义主要由"从……至……""从……到……""从……向……"等介词框架承担。例如：

（15）他从始至终都低头坐在角落里，默不作声。

（16）我喜欢小说，从古典的到现当代的，从中国的到外国的。

（17）10年时间，这里完成了从农村向城市的变化。

例（15）中的介词框架"从始至终"表示时间上的绵延，即从开始到结束；例（16）中的介词框架"从古典的到现当代的""从中国的到外国的"表示个体或类别的绵延，多用于举例；例（17）中的介词框架"从农村向城市"表示过渡，强调变化。

54. "对于"类介词框架有哪些句法、语义和语用功能特点？

"对于"类介词框架主要指"对……来说""对……来讲""对……而言""对于……来说""对于……来讲""对于……而言"。这类介词框架虽然简单，但使用频率很高，汉语作为第二语言学习者常常用错。例如：

（1）*我的父亲是个技术工人，性格上说很温柔，对生活来说非常老实。

（2）*对爱好方面来说，我很喜欢打壁球。

本问我们将主要对这类介词框架中的介词宾语的类型和整个结构的语义、语用功能特点进行简要的分析。

一、介词宾语的主要类型

"对于"类介词框架中的宾语主要有四大类。第一类是名词。一般来说，能充当"对于"类介词框架宾语的词语与能充当介词"对"的宾语的词语类似，以名词居多。例如：

（3）对于中国来说，目前主要的问题是经济发展。

（4）对于学生而言，学习是他们的使命。

第二类是代词。能搭配名词宾语的"对于"类介词框架也可以搭配代词宾语。例如：

（5）对我来讲，效率比金钱更重要。

（6）对它们来说，玉米是理想的食物。

第三类是名词性短语。除了名词和代词，名词性短语也可以作为"对于"类介词框架的宾语。例如：

（7）对于这些年轻人和他们的企业而言，未来无限光明。

（8）对漂泊在外的游子来说，父母的声音是最好的慰藉。

（9）对于大脑的研究来说，哈谷特教授的贡献是巨大的。

（10）对当妈的而言，子女的教育问题不可忽视。

在例（7）～（10）中，"对于"类介词框架中的宾语分别是名词性联合短语、名词性偏正短语、以动词为中心的偏正短语和"的"字短语。

第四类是动词或动词性短语。动词或动词性短语作为"对于"类介词框架的宾语表示事件，整个介词框架充当一个话题。例如：

（11）对于教学来说，要慢慢积累经验。

（12）对于种植果树来说，芦湾村起了一个模范作用。

（13）对于病毒入侵而言，如果能有很好的免疫系统，这不是问题。

在例（11）～（13）中，"对于"类介词框架中的宾语分别是动词、动宾短语和主谓短语。

二、"对于"类介词框架的语义和语用功能特点

"对于"类介词框架在语义上的特点有二。第一，当"对于"类介词框架的宾语指人或包含人且句中的主语与介词宾语不一致时，二者之间存在意动用法。例如：

（14）对于我来说，手机是多余的。

（15）对于体育服装企业李宁来说，2011年也许是一个转折之年。

（16）对商务人士来讲，一台性能强劲的电脑犹如一位配合默契的助手。

这里所说的意动用法，是指介词框架的宾语所指认为主语具有谓语的性质或执行谓语所表示的动作。但需要注意的是，这一观点仅适用于介词框架的宾语是第一人称的情况，如在例（14）中，"我"认为"手机是多余的"。如果介词框架的宾语非第一人称，那表达观点的主体应是说话人。例如，在例（15）中，说话人认为，李宁的2011年也许是一个转折之年；在例（16）中，说话人认为，商务人士有台性能强劲的电脑是必不可少的。

在语用上，"对于"类介词框架的宾语一般充当话题。在例（14）～（16）中，"我""李宁""商务人士"分别是三个句子的话题，"手机""2011年""电脑"是主语。此时，话题与主语是分离的。

第二，"对于"类介词框架的宾语与后一分句的谓语动词存在施受关系。例如：

(17) 对颈椎病患者来说，做过度拉伸和弯曲的瑜伽动作，很容易受伤。

(18) 对于普通用户来说，想要准确地找出故障的原因几乎是不可能的。

这类句子中不再存在额外的句法主语，或者可以将"对于"类介词框架修饰的句子看作主语。例如在例（17）中，我们可以将"做过度拉伸和弯曲的瑜伽动作"这一小句看作主语。无论怎样，这一句与后一小句"很容易受伤"指向的施事都是介词框架的宾语"颈椎病患者"。在例（18）中，我们将"想要准确地找出故障的原因"看作主语，其与后一部分"几乎是不可能的"指向的施事都是介词框架的宾语"普通用户"。因此，如果删去介词框架，句子依然成立。例如：

(19) 颈椎病患者做过度拉伸和弯曲的瑜伽动作，很容易受伤。

(20) 普通用户想要准确地找出故障的原因几乎是不可能的。

在语用上，"对于"类介词框架的宾语仍然充当话题。如果将小句看作主语，则话题与主语是分离的；但若将介词框架的宾语看作主语，那话题和主语是一致的，此时介词框架可以省略。

55. "在……上"和"在……下"在语义上是对称的吗？

一般来说，表示具体空间意义的"在……上"和"在……下"在语义上是对称的。例如：

(1) a. 小猫在花架上玩耍。

　　b. 小猫在花架下玩耍。

二者还都可以表达一些抽象的意义，此时一般不能互换。例如：

(2) 我在新闻上看到了我的小学同学。

(3) 在大家的帮助下，我取得了很大的进步。

本问我们将对"在……上"和"在……下"所表达的语义进行梳理，并对二者进行比较。

一、"在……上"的语义

"在……上"在句中主要充当状语、补语和定语，偶尔充当存现句的主语。基本语义是表示在物体的上面或表面。除此之外，它还表达五种抽象意义。

第一，表达范围义和方面义。"在……上"的基本语义是表示在物体的上面或表面，由此可以隐喻出抽象的范围义和方面义。例如：

（4）在做人上，他一直严守自己的底线。

（5）在心理学上，我们学校的王教授是一位顶尖学者。

第二，表达来源义。"在……上"可以表示事件的来源或起点。例如：

（6）我在电视上看到了你们。

（7）我在网上找到了很多关于预防高血压的方法。

第三，表达条件义。有时，"在……上"介引的抽象宾语表示支撑或接触，这构成一种条件，因此"在……上"可以表达条件义，一般用在"在……基础上"。例如：

（8）在已有基础上，我们进一步探索了提升效能的途径。

（9）在完成课业任务的基础上，可以有一些自由支配的时间。

第四，表达状态义。"在……上"可以表示心理状态。例如：

（10）老师正讲在兴头上，下课铃声响了。

（11）你进来时，王波刚好在气头上，自然不会理你。

第五，表达时间义。"在……上"可以表示在某个时间点。例如：

（12）只有在节日上才能看到长辈们跳白龙卓舞。

二、"在……下"的语义

和"在……上"一样，"在……下"在句中也主要充当状语、补语和定语。其基本语义是表示在物体的下面或低处。除此之外，它也表达一些抽象意义，主要包括：

第一，表达范围义。这种意义一般是通过隐喻或转喻的手法，用具体的事物表达抽象的范围义。例如：

（13）在我手下，有两员大将。

（14）在作者的笔下，巴黎是一个充满浪漫的地方。

第二，表达条件义。"在……下"中的介词宾语包含"背景""帮助""教导"等词语时，该结构在句中表示某种条件，后一分句表示所产生的结果。例如：

（15）在几位老师的帮助下，我的汉语水平有了很大的提高。

（16）在妈妈的悉心教导下，小莉顺利考上了理想的中学。

第三，表达状态义。"在……下"中的介词宾语表示某种情况、场合或处境时，该结构在句中表示某种状态。例如：

（17）在一穷二白的状态下，他带领全厂员工杀出了一条血路。

（18）在帝国主义的封锁下，我们依然创造了辉煌的业绩。

通过以上梳理，我们可以看到"在……上"和"在……下"除了表示空间处所这类具体意义外，二者还分别通过隐喻或转喻表达许多抽象的意义。"在……上"可以表达范围义和方面义、来源义、条件义、状态义、时间义，"在……下"可以表达范围义、条件义、状态义。二者在表达空间处所这类具体意义时具有对称性，但在表达抽象意义时，其与介词宾语基本上都是固定搭配，不具有对称性。例如，二者虽然都可以表示范围和条件，但并不能互换或互换后句意会发生改变。例如：

（4'）*在做人下，他一直严守自己的底线。

（8'）*在已有基础下，我们进一步探索了提升效能的途径。

（13'）在我手上，有两员大将。

（15'）*在几位老师的帮助上，我的汉语水平有了很大的提高。

第五部分　学习者常见的介词偏误

56. 为什么不能说"书和本子都放在书包"？

下面这两句话对吗？

（1）书放在书包。

（2）你的东西都在我。

介词"在"的一个主要功能是介引处所宾语，表示处所和方位，但有时需要使用介词框架，即在介词宾语后再加一个方位词，如"在……里"。汉语作为第二语言学习者常常搞不清楚什么时候应该使用方位词，什么时候不应该使用，因而出现偏误。本问我们就以介词"在"为例谈一谈这个问题。

在句法上，介词"在"介引的处所宾语主要分为五类。第一，方位词和方位短语。例如：

（3）老师在前面走，学生在后面跟着。

（4）我们在图书馆的东边集合。

第二，当介词宾语是指人的代词时，一般要在代词之后添加"这（里）""那（里）"或指代短语进行复指。例如：

（5）有人捡到了你的钱包，放在我这儿啦。

（6）在他们那个地区，最热闹的节日就是泼水节。

第三，当介词宾语是普通名词时，一般要在名词之后添加表示方向或位置的方位词。例如：

（7）衣服都放在衣柜里了。

（8）我住在他们家上边。

第四，一些本身就包含了方位义的处所名词，如"邮局""银行""学校""食堂""教室""友谊商场""北京大学""大众饭店"等。当这些词语充当"在"的介词宾语时，其后添加不添加方位词均可。例如：

（9）麦克现在在食堂（里）吃饭。

（10）他们在教室（里）看书呢。

第五，当表示国家、城市等较大区域的地点名词充当"在"的介词宾语时，其后也不需要添加方位词。例如：

（11）姐姐在美国学习英语。

（12）我们上午还在上海学习，晚上就在北京吃烤鸭了。

了解了这些句法规则之后，我们再看开头的两个句子。它们应该分别说成：

（1'）书放在书包里。

（2'）你的东西都在我这儿。

57. "从"就是"from"吗？

下面的句子都是从母语为英语的汉语学习者作文中找出来的典型偏误句，他们为什么会产生这些偏误呢？

（1）*衣服是从布做的。

（2）*我回来从纽约。

（3）*你去体育馆应该从这条路。

产生以上偏误的主要原因，是汉语的"从"和英语的"from"在意义和用法上存在交叉，二者并不是完全对应的。除了共有的意义和用法，它们各自还存在另一方不具备的意义和用法。学习者把二者错误地等同起来，造成了上述偏误。本问我们将对二者的语义和句法进行详尽的对比，以明确二者的异同。

一、"从"和"from"语义上的异同

1. 相同点

"从"和"from"在语义上有很多相同点,主要有以下几点:

第一,都可以介引起点。"从"作为介词,它的主要功能是介引宾语表示起点;英语中的介词"from"和汉语中的"从"类似,也可以表示起点。例如:

(4)暑假从7月初一直持续到8月底。

(5)从图书馆到宿舍,大概有700米。

(6) Summer vacation lasts from the beginning of July to the end of August.

(7) It's about seven hundred meters from the library to the dormitory.

"从"所介引的宾语可以表示时间的起点,如例(4);也可以表示空间的起点,如例(5)。"from"所介引的宾语可以表示时间的起点,如例(6);也可以表示空间的起点,如例(7)。

第二,都可以限定范围。例如:

(8)我花了一个上午的时间,才从一大堆旧书中找出我要的几本。

(9)这个选择需要从历史、佛教和艺术三方面同时考虑,缺一不可。

(10) It took me the whole morning to dig out the few books I wanted from a pile of old books.

(11) This choice requires consideration from three aspects: history, Buddhism and art.

在例(8)中,介词宾语"一大堆旧书"表示范围,"从"圈定了这一范围;在例(9)中,"历史、佛教和艺术"限定了主题的范围。与汉语类似,在例(10)中,介词宾语"a pile of old books"表示范围;在例(11)中,"three aspects: history, Buddhism and art"限定了主题的范围。

第三,都可以介引路径和过程。例如:

(12)一列火车从桥上驶过。

(13)从这学期的课程中,我对生物学的基本内容有了了解。

(14) From this semester's courses, I have a basic understanding of biology.

"从"的这一功能主要表示经过。例（12）的"从桥上"表示动作经过的处所，即路径；例（13）的"从这学期的课程中"表示一种抽象的路径，即过程；例（14）的"from this semester's courses"也表示过程。

第四，都可以介引依据。这一功能主要表示动作行为者依据的前提和标准。例如：

（15）讨债者从口音上判断他和那个开门的男人是一个地方的人。

（16）亚洲人面孔相似，单从衣着上很难分辨。

（17）The debt collector judged from the accent that he and the man who opened the door were from the same place.

（18）Asian faces are similar and it is difficult to distinguish from clothing alone.

2. 不同点

"从"和"from"在语义上的不同点主要表现在英语中的"from"作为介词可以介引的内容要比汉语中的"从"更加丰富。例如：

（19）The money that students received is from the foundation.（学生们收到的钱来自基金会。）

（20）At the same time, another kind of paper was developed. It was made from silk.（与此同时，另一种纸被研制出来。它是由丝制成的。）

（21）His idea is much more different from mine.（他的想法和我的大不相同。）

（22）Taking a risk for a particular reason is much more different from just taking a risk.（因为某种原因而冒险与单纯的冒险截然不同。）

（23）People are kept from communicating with one another.（人们被禁止互相交流。）

（24）How do you stop from getting bored?（怎样才能不感到无聊呢？）

通过上述例子，我们可以知道"from"可以介引来源和材料，如例（19）和例（20），而汉语中一般用介词"自"和"由"；可以介引比较对象，如例（21）和例（22），而汉语中一般用"跟／与／和／同"；可以表示动作行为或状态不再进行或继续，如例（23）和例（24），而汉语中一般不用介词，改用其他句式表达，如这两例分别可以译为"人们被禁止互相交流""怎样才能不感到无聊呢？"。

二、"从"和"from"句法上的异同

1. 相同点

"从"和"from"构成的介词短语都可以位于句首做状语。例如：

（25）从我了解的来看，公司陷入了大麻烦。

（26）From what I heard, the company is in deep trouble.

2. 不同点

二者在句法上的不同，主要表现在以下几点：

第一，"from"表示时间、地点、范围或变化时，也可以位于句末做状语，但"从"不可以位于句末。例如：

（27）She came back from England.（她从英国来。）

第二，在很多情况下，"from"后面可以直接带宾语，但"从"需要出现在介词框架中，如"从……起""从……开始""从……以来"等。例如：

（28）My son loved the gift from his aunt.（我儿子很喜欢从他阿姨那儿得到的礼物。）

（29）We'll begin from the simplest.（我们将从最简单的开始。）

在例（28）中，"from his aunt"在汉语中需要说成"从他阿姨那儿"，"从"接表人的名词或代词时，名词或代词后边需要添加"这儿""那儿"等构成介词框架；在例（29）中，"from the simplest"在汉语中需要说成"从最简单的开始"，"从"接时间、数量、程度等表示起点时，其后边需要加上"开始""以来""以后""起"等构成介词框架。

第三，"from"在句中不可省略，"从"有时可以省略。例如：

（30）From now on, you can work on your own.［（从）现在起，你可以独立工作。］

第四，"from"后可接另一个介词短语，"从"没有这种用法。例如：

（31）The sun peeped out from behind the clouds.（太阳从云层里露了一下脸。）

在汉语中，我们不能说"从后云"，而要把第二个介词对应的方位词放在

"从"的宾语之后，如"从云层里""从云层后"。

综上，我们将介词"从"和"from"的异同归纳为表57-1。

表57-1 介词"从"和"from"的比较

比较项目	相同点	不同点	
		从	from
句法	介词短语可以位于句首做状语	—	介词短语可以位于句末做状语；可以直接带宾语；句中不可省略；后面可接另一个介词短语
语义	可以介引起点，限定范围，介引路径和过程，介引依据	—	可以介引来源和材料；可以介引比较对象；可以表示动作行为或状态不再进行或继续

58. "在"就是"at/in/on"吗？

很多对外汉语教材中都将"在"译为"at/in/on"，这导致汉语作为第二语言学习者将"在"与这几个英文词画了等号。下面这几句话都是母语为英语或懂英语的汉语作为第二语言学习者常说的，这样的句子到底可不可以说？

（1）星期一上午在9点我们考试。

（2）有许多鱼在河游。

（3）在上海里有很多韩国餐厅。

"在"和"at/in/on"在句中一般都用来介引宾语，所构成的介词短语都可以位于句首充当状语。例如：

（4）a. 在这个问题上，我的意见和你相同。

　　b. On this issue, my opinion is the same as yours.

（5）a. 在公共场所，你可以找到很多这样的自动售货机。

　　b. In public places, you can find many vending machines like this.

（6）a. 在环岛处，请走第三个出口。

　　b. At the roundabout, please take the third exit.

但是，二者之间的区别远大于共同点。具体表现如下：

第一，在汉语中，时间词或时间短语在句首充当主语时，前面一般不用加介词"在"；而在英语中，时间词或时间短语一般只能在句首或句末充当状语，不能充当主语，而且前面必须要添加介词。例如：

（7）a. 明天上午9点开始考试。

b. The exam will begin at nine tomorrow morning.

因此，如果学习者受母语负迁移的影响，就会出现下列偏误：

c. *在明天上午9点开始考试。

（8）*我来过南京在去年。

第二，汉语中有一种特殊的句式叫"存现句"，表示某人或某物在某时或某地存在、出现或消失。存现句的主语一般是时间名词或处所名词，其前不用添加介词"在"。试比较：

（9）a. 昨天来了两批考察团。

b. *在昨天来了两批考察团。

（10）a. 前面跑过去一群孩子。

b. *在前面跑过去一群孩子。

第三，"在"所构成的介词短语虽然偶尔也可以位于动词后充当补语，但大部分情况下都位于动词之前充当状语；而"at/in/on"所构成的介词短语在绝大多数情况下都位于动词之后充当状语。例如：

（11）a. 他在教室里学习。

b. He is studying in the classroom.

第四，"在"常常和方位词共同构成介词框架，表示起点；而"at/in/on"本身就包含了方位义，不与方位词共现。例如：

（12）a. 弟弟在床上躺着。

b. My little brother is lying on the bed.

这也是英语母语者学习汉语时的一个难点，他们常常将"at/in/on"与汉语介词"在"完全等同，说出例（2）那样的偏误。

第五，"在"构成的介词框架不能与"at/in/on"中的任何一个等同。例如：

（13）a. 在经理的带领下，公司实现了盈利。

b. Under the leadership of the manager, the company made a profit.

（14）a. 在大家的鼓励下，他战胜了疾病。

b. With everyone's encouragement, he beat the disease.

在例（13a）中，介词框架"在……下"对应英语中的"under"，这是因为构成介词框架之后，语义中心转移到了方位词上；在例（14a）中，介词框架"在……下"对应英语中的"with"，表示一种伴随的状态。对英语母语者来说，这种不对应往往是他们误用、误加或遗漏方位词的原因。例如：

（15）*在这一前提上，你的结论是正确的。

（16）*在法律和道德层面中，他的要求是合情合理的。

（17）*他躺在床，睡着了。

综上，我们将介词"在"和"at/in/on"的异同归纳为表58-1。

表58-1 介词"在"和"at/in/on"的比较

相同点	不同点	
	在	at/in/on
介词短语可以位于句首充当状语	时间词或时间短语在句首充当主语时，前面一般不用加介词"在"	时间词或时间短语一般不能充当主语，只能充当状语，且前面必须出现介词
	存现句的主语是时间名词或处所词时，前面不用"在"	—
	介词短语大部分情况下都位于动词之前做状语	介词短语大部分情况下都位于动词之后做状语
	可以与方位词构成介词框架	—
	"在"构成的介词框架不与"at/in/on"对应	

59. "为"就是"for"吗？

很多对外汉语教材在注释介词"为"的意思时，都会简单地将其对译为

"for"，所以我们常常会看到留学生写出或说出这样的句子：

（1）感谢你为了来看我。

（2）我们在这里为两天。

（3）抽烟很不好为你的健康。

虽然汉语中的"为"和英语中的"for"在大部分情况下可以等同，但二者并不是完全对应的。本问我们将对二者进行详细的对比。

一、"为"和"for"语义上的异同

"为"和"for"在语义上有很多相同之处，主要有以下几点：

第一，都可以介引对象，一般指服务的接受者，介词宾语一般是人。例如：

（4）奶奶为一家人准备了晚饭。

（5）您的外卖我们会为您准时送达。

（6）Let me pick it up for you.

（7）Mother cleans the room for us every week.

第二，都可以介引目的。例如：

（8）为胜利而努力。

（9）为通过考试，同学们都在认真复习。

（10）This is a machine for slicing bread.

（11）Let's go for a walk.

"为"和"for"的不同在于英语中的"for"作为介词可以介引的内容比汉语中的"为"更加丰富。除了服务对象和目的，很多语义成分也可以成为"for"的宾语。例如：

（12）For my birthday, she gave me a book.（她在我生日时送我一本书。）

（13）Is this the bus for Boston?（这辆公共汽车是去波士顿的吗？）

（14）I'm going away for a few days.（我要离开几天。）

（15）The road went on for miles and miles.（这条路绵延数英里。）

在例（12）中，"for"的宾语"my birthday"表示原因，汉语中一般不做翻译；在例（13）中，"for"的宾语"Boston"表示方向，汉语中一般说成"去"

或"去往";在例（14）中，"for"的宾语"a few days"表示时间，汉语中一般不做翻译；在例（15）中，"for"的宾语"miles and miles"表示距离，汉语中一般也不做翻译。

此外，"for"还有一些固定搭配，如"speak for（代表）""work for（受雇于）"。有时，"for" 即使表示"对象"或"目的"，我们一般也不与"为"做对译。例如：

（16）It's a book for children.（这是本儿童读物。）

在例（16）中，"for children"表示这本书针对的对象是儿童，汉语中可以直译为"针对/为儿童创作的读物"，或简单翻译为"儿童读物"；在例（11）中，"for a walk"表示目的，如果将该句直译成"为了散步，我们出去吧"，那就比较烦琐和生硬了。

二、"为"和"for"句法上的异同

在句法上，介引对象时，汉语介词"为"构成的介词短语一般作为状语位于主语之后、谓语之前，如例（4）。而英语介词"for"构成的介词短语一般位于谓语之后，常常在句末，如例（6）；或位于句末的时间状语之前，如例（7）。介引目的时，汉语介词"为"构成的介词短语一般作为独立小句位于主语之前，如例（9）。而英语介词"for"构成的介词短语位置更为灵活，可以位于主语之前，如例（12）；也可以位于句末，如例（11）。

现在我们再来看一下开头的三个句子，它们应该分别改为：

（1'）感谢你来看我。

（2'）我们在这里两天。

（3'）抽烟对你的健康很不好。

综上，我们将介词"为"和"for"的异同归纳为表59-1。

表59-1　介词"为"和"for"的比较

比较项目	相同点	不同点	
		为	for
句法	可以构成介词短语在句中做状语	介引对象时，介词短语一般位于主语之后、谓语之前；介引目的时，介词短语一般位于主语之前	介引对象时，介词短语一般位于谓语之后，或在句末，或在句末时间状语前；介引目的时，介词短语一般位于主语之前或句末
语义	可以介引对象；可以介引目的	—	可以介引原因、方向、时间、距离等

60. 为什么不能说"随着冬天，天气越来越冷了"？

下面几个句子是汉语作为第二语言学习者常出现的偏误句：

（1）*随着冬天，天气越来越冷了。

（2）*随着发展社会，老百姓的生活水平越来越高了。

（3）*随着时间，这个世界有了很大的改变。

（4）*随孩子长大，孩子说得越来越多，内容也越来越丰富多彩。

"随着"是现代汉语中一个经常使用的介词，它的语义和用法较为单纯，但是汉语作为第二语言学习者在使用中经常会出现偏误。其实"随着"在使用上有很多限制条件，而教材和词典中的解释往往非常简单。例如，被广泛使用的汉语学习词典app Pleco对"随着"的解释是"along with; in the wake of; in peace with"。这样的解释明确了"随着"的意义，但没有强调"随着"的用法。因此，汉语作为第二语言学习者在使用"随着"的时候会出现大量的偏误。本问我们主要对"随着"的使用限制条件进行说明。

一、"随着"的宾语句法特点

"随着"的宾语多为"NP的VP"结构。一般来说，作为介词，"随着"介引的宾语应是名词性成分。因此，在NP和VP之间，我们要加上"的"，把原本的谓词性短语变成一个名词性短语，这样才能与介词宾语的句法位置相匹配。例如：

（5）随着身体的恢复，他已经可以下床走路了。

（6）随着生活水平的提高，人们有越来越多的时间做自己喜欢的事情了。

在"NP的VP"结构中，当VP前有副词修饰时，"的"有时候可以省略，这时介词宾语变为一个主谓结构。例如：

（7）随着油价不断上涨，新能源汽车已经成为人们越来越青睐的替代品。

（8）随着中国逐渐开放，中国的经济发展越来越快。

在这两个例子中，"的"都可以被还原。例如：

（7'）随着油价的不断上涨，新能源汽车已经成为人们越来越青睐的替代品。

（8'）随着中国的逐渐开放，中国的经济发展越来越快。

单纯的名词性短语一般不能充当"随着"的宾语，这一点汉语作为第二语言学习者常常忽视，因此会说出如下偏误句：

（9）*随着这里，我越来越感兴趣了。

（10）*随着我们的友谊，我的汉语也有了进步。

此外，整个介词宾语应该是体词性的，谓词性的不能充当"随着"的宾语。例如：

（11）*随着提高生活水平，越来越多的人寻找"绿色食品"。

（12）*随着使用化肥和农药，产量提高了。

需要注意的是，"随着"与"随"意思不同。"随"表示"顺便"的意思，二者不能互换。例如：

（13）随地吐痰 / 随手关门

二、"随着"的宾语语义特点

"随着"构成的介词短语多表示某种条件，后续句表示在这种条件下产生的结果。这种条件多是一种缓慢的变化，如上面例（5）～（8）中的"身体的恢复""生活水平的提高""油价不断上涨""中国逐渐开放"都能表示变化，而不具有变化义的词或短语是不能充当"随着"的宾语的。汉语作为第二语言学习者如果忽视这一语义特点，就会出现偏误。例如：

（14）*随着我在中国，我越来越喜欢中国。

（15）*父母可以随着自己的价值观念、思想观念来教自己的孩子。

根据方清明（2012）的考察，能进入"随着……"中的宾语，表示持续变化的动词有"变化""发展""提高""增多""增加""增强""减弱""减少""降低""改良""改进""改善""加剧""改变""靠近""拉长""拉远""普及""到来""颁布""公布""入侵""宣布""加强""加入""递减""发布""发现""发表""扩大""扩充""扩展""扩张""延长""延伸""产生""转移""转变"等。

为了凸显这种变化性，动词前常使用一些表示变化义的副词，如"不断""逐渐""日益"等；或"随着"后常使用"越来越+形容词"结构。例如：

（16）随着天气日益变冷，迟到的同学越来越多。

（17）随着病情越来越严重，他每天都会莫名地发几次呆。

现在我们再来看一下开头的几个偏误句。"随着"的宾语不能是单纯的名词或名词性短语，如例（1）中的"冬天"和例（3）中的"时间"；也不能是单个的动词性短语，如例（2）中的"发展社会"。"随着"与"随"不能替代使用，且当动词前没有副词修饰时，动词前的"的"不能省略，如例（4）中的"孩子长大"应改为"NP的VP"或"NP+副词+VP"结构。以上四个偏误句应改为：

（1'）随着冬天的到来，天气越来越冷了。

（2'）随着社会的发展，老百姓的生活水平越来越高了。

（3'）随着时间的推移，这个世界有了很大的改变。

（4'）随着孩子不断长大，孩子说得越来越多，内容也越来越丰富多彩。

综上，我们将介词"随着"的用法归纳为表60-1。

表60-1 介词"随着"的用法

维度	用法
句法	介词宾语多为"NP的VP"结构； VP前有副词修饰时，"的"可省略； 单纯的名词性短语一般不能充当"随着"的宾语
语义	介词宾语表示变化义； 动词前常使用一些表示变化义的副词

61. 英语母语者习得介词的常见偏误有哪些？

一般来说，第二语言学习者产生偏误主要有以下一些原因：

第一，母语负迁移。学习者第一语言即母语的使用习惯会直接影响其第二语言的习得。由于学习者母语与第二语言要素相似，而对第二语言习得产生有益的、积极的影响，这种叫作"正迁移"，它能促进学习者对第二语言的掌握与运用；反之，由于学习者母语与第二语言要素相异，而对第二语言习得产生不利的、消极的影响，这种叫作"负迁移"。语际偏误是由母语负迁移引起的偏误，具体而言，就是学习者在学习某种第二语言时按照母语的思维定式，将母语的表达习惯套入目的语而造成的表达错误。

第二，目的语规则泛化。学习者用类推的方法，把所学的有限而不充分的目的语知识不适当地套用在目的语新的语言现象上。

第三，语言训练造成的负迁移。这里指的是课堂教学、教师、教材以及社会环境对学习者造成的误导。教师对第二语言知识的不完全解释和错误的引导、教材不科学的编排和讲解等都会对学习者产生误导，有学者称这类原因造成的偏误为诱导性错误。

第四，文化因素负迁移。有的偏误不完全是语言本身的问题，而是文化差异造成的，一般是学习者受本国文化影响或未能正确理解目的语文化所造成的。

第五，学习策略的影响。学习策略是学习者为了在第二语言技能发展方面取得进步而采取的特殊行为。学习者为了完成交际目的去运用学习策略，却忽视了目的语语言规则,便很容易造成偏误。

其中,第二至第五个原因在所有汉语学习者身上都表现出很强的相似性,所以具有一般性。至于第一个原因,由于汉语学习者的母语各不相同,母语的负迁移造成的语际偏误也各有特点。如果教师能够多多少少了解一些学习者母语的语言特点,就能提前预测可能出现的偏误,进行预防式教学。从本问开始,我们将在接下来的五问中介绍汉语学习者常出现的介词和介词框架偏误。我们会着重从语际偏误的角度切入,希望读者能够了解这些偏误产生的原因,并总结出有效的教学对策。

本问我们首先关注英语母语者在汉语介词习得过程中常出现的偏误。

一、误加

在英语中,表时间、处所的状语中必须使用介词;而在汉语中,时间名词和处所名词可以直接使用。如果英语母语者将母语的规则迁移到汉语中,就会造成介词的误加。例如:

(1)?在我们学校有很多国际学生。(我们学校有很多国际学生。)

(2)*在9月的时候我来中国学习。(9月的时候我来中国学习。)

再如,介引对象时,英语中常用介词"for";而汉语中可以不用介词,直接使用主谓宾结构。例如:

(3)*才20岁,还有很多机会对你。(才20岁,你还有很多机会。)

二、误代

汉语中一些介词的意义和用法存在与英语中的对应词看似相同,其实不同的现象。例如,"make/let"可翻译为"使""令""叫""让",但这几个词在汉语中存在区别:"使"只能表示"致使",句中需要有表示结果的成分;而"令""叫""让"除了表示"致使",还可以表示"使令",此时句中不一定需要有表示结果的成分。所以,很多英语母语者会将"the teacher asked me to clean the blackboard"翻译成:

(4)*老师使我擦黑板。(老师让我擦黑板。)

再如：

（5）*爸爸妈妈使我很高兴。（爸爸妈妈让我很高兴。）

这些偏误句都是因为错误地等同了英语与汉语的"致使""使令"意义，认为二者都是由相同的词语表达。其实，上述两个例句在语义上都不表示结果，因此句中只能用"令""叫""让"。

再如：

（6）*按照我了解，他的做法是错的。（据我了解，他的做法是错的。）

（7）*它为了我们有好处。（它对我们有好处。）

（8）*用篮子的小女孩儿。（提篮子的小女孩儿。）

（9）*关于我的未来，我很有信心。（对于我的未来，我很有信心。）

例（6）~（9）是因为错误地等同了"按照""据"与"as far as"、"为了"与"for"、"用"与"with"、"关于"与"on"。

三、错序

在现代汉语中，一部分介词构成的介词短语既可以出现在动词之前，也可以出现在动词之后，如"在""于""给""向"等；而在英语中，对应的形式一般只能出现在动词之后，如"我来向你解释一下这个问题。/ Let me explain this issue to you."。由于母语的影响，英语母语者常常弄错介词短语的位置。例如：

（10）*我解释一下这个问题跟你。（我跟你解释一下这个问题。）

（11）*我在一起和你们。（我和你们在一起。）

还有一些介词短语在汉语中只能位于谓语动词前充当状语，但是在英语中一般位于句末。英语母语者直接套用母语的语序，就会造成错序。例如：

（12）*我也很高兴为你们。（我也为你们而高兴。）

（13）*我装饰房间用鲜花。（我用鲜花装饰房间。）

（14）*苍蝇飞来飞去在房间。（苍蝇在房间里飞来飞去。）

四、遗漏

典型的遗漏偏误是介词框架中后置词的遗漏。在现代汉语中，当介词宾语是处所名词时，其后不需要方位词；但当介词宾语是普通名词时，其后一定要添加方位词，构成"在……上/里/中/下""从……上/中/里"等介词框架。这是不同于英语的一大特征，也是英语母语者产生遗漏偏误的一个主要原因。例如：

（15）*我昨天在飞机丢了我的手机。（我昨天在飞机上丢了我的手机。）

（16）*我们从课文学到了中国的气候特点。（我们从课文中学到了中国的气候特点。）

有时，英语中的及物动词在汉语中的对应形式是不及物的，此时汉语中就需要增加介词，但如果英语母语者受母语负迁移的影响，就会造成介词遗漏，同时伴随错序。例如：

（17）*问好大家！（向大家问好！）

62. 日韩汉语学习者习得介词的常见偏误有哪些？

中、日、韩三国在地缘上相邻，经济文化交往源远流长。近年来，随着中国经济的发展和国际地位的提高，日韩汉语学习者的数量在不断攀升。据估计，日本每年学习汉语的人数应该有四五十万人（杨晓安，2012），韩国更是来华留学生第一大人口输出国。在国际中文教育中，对日韩汉语学习者习得介词时产生的偏误进行分析有深刻的现实意义。本问我们将对日韩汉语学习者习得介词的常见偏误进行归纳。

一、误加

（1）*在教室里有椅子。（张宁晴，2018）

日语：教室に椅子があります。

译文：教室里有椅子。

日语母语者容易将格助词"に"和"在"进行错误的对应，从而产生上述偏误。

（2）*人要活下去，为了生存不可缺少的是水。（张宁晴，2018）

日语：生きるために水は不可欠だ．

译文：人要活下去，生存不可缺少的是水。

在日语中表达目的必须添加"ために"，但在汉语中，对应成分"为了"并不是必有项。日本学习者如果直接按母语翻译，就会造成误加偏误。

（3）*他告诉给你一件事情。

韩语：그가 너에게 한가지 일을 알려준다．

译文：他告诉你一件事情。

在韩语中表达对象都要用"에게"，它相当于汉语中的"给"或"对"。韩国学习者受母语影响，常常会错误地添加介词"给"或"对"。

二、误代

（4）*鸟在天上飞过。（张宁晴，2018）

日语：鳥は空を飛んでいます．

译文：鸟从天上飞过。

在日语中，格助词"を"表示动作移动的场所。当句中的谓语动词是移动性自动词（即表示位移的不及物动词）时，需要用"を"表明路线、范围，而汉语中更好的对应词是介词"从"。

（5）*我给朋友很热情。

日语：友達には親切です．

译文：我对朋友很热情。

日语中的助词"に"可以表达对象，相当于汉语中的"跟""对""给"。如果日本学习者不能准确辨清三者之间的区别，就很容易将三者混用，造成误代偏误。

（6）*他对女性热情的指导。（本间结，2013）

日语：彼は女性に対しては親切に指導した．

译文：他给女性热情的指导。

汉语中的"对"在日语中的对应成分是"に対して"，可以表示动作的对象及动作的方向。一般来说，当表示动作的移动方向、指向、给予对象时才能用

"对"。这里的"热情的指导"是名词性短语，应该使用动词"给"。

简而言之，日语中的格助词"に"可以对应汉语中的"向""跟""对""为"等多个介词。如果日本学习者不清楚汉语每个介词的句法、语义和语用特点，就极易产生误代偏误。

（7）*那到时候给你联系。（徐烨荣，2020）

　　韩语：그럼 그때 너에게 연락해.

　　译文：那到时候跟你联系。

韩国学习者受到母语表达方式的影响，将"연락해（联系）"的格助词翻译为表示对象的"给"，而忽视了汉语中本有的固定表达方式"跟……联系"。

（8）*他给我借了100块。

　　韩语：그가 나에게 백위안을 빌렸다.

　　译文：他向我借了100块。

当韩语中格助词"에게"前的成分表示来源时，汉语中对应的词应为"向"而非"给"。同日语的情况类似，韩语中的格助词"에게"可以对应汉语中的"向""对""给"等多个介词，学习者一旦弄混，就很容易产生误代偏误。

三、错序

（9）*暑假可以跟见面朋友。

　　日语：夏休みに友達と会うことができます.

　　译文：暑假可以跟朋友见面。

在日语中，与汉语介词作用相似的格助词"と"要位于谓语动词前面，紧邻谓语动词。日本学习者将二者在句中的位置做了错误的对应，认为汉语中的介词也要紧邻谓语动词，从而产生了上述错序偏误。这类偏误一般见于初级汉语学习者。

（10）?我经常和老师用汉语说话。

　　韩语：저는 선생님과 자주 중국어로 이야기합니다.

　　译文：我经常用汉语和老师说话。

这个例句中有两个介词短语"和老师"和"用汉语"。韩语中"생님（老师）과（和）"语序在前，"중국어로（汉语）"语序在后。韩国学习者倾向于

直接将母语的语序规则带入汉语中,从而造成错序偏误。

四、遗漏

(11)*我的工作是<u>银行有关的</u>。

　　日语:私の仕事は銀行関係です.

　　译文:我的工作是<u>与银行有关的</u>。

日本学习者从过往的学习经验中可以认识到日语中的助词"は""が"等在句中没有具体的含义,往往不需要翻译出来。例(11)中的"は"是提示主语的,表达一种抽象的关系,汉语中并没有与此对应的成分,日本学习者直译了日语的表达方式,造成了遗漏偏误。

63. 东南亚汉语学习者习得介词的常见偏误有哪些?

由于地缘和文化的关系,东南亚地区自古以来与中国往来频繁。随着"一带一路"倡议的全面推进,汉语教育越来越受重视,汉语教学研究取得了丰硕的成果。本问我们总结了东南亚汉语学习者习得介词的常见偏误,以帮助读者了解这一地区学习者的习得特点。

一、误加

(1)*<u>在冬天</u>天气冷很。

　　泰语:ใน ฤดูหนาว อากาศ เหงา มาก.

　　译文:<u>冬天</u>天气很冷。

泰语中的"ใน",意思是"在",用来介引时间。整个句子的语序与汉语基本相同,但是在汉语中,"冬天"可以在句中充当主语,整个句子是一个主谓谓语句,"冬天"不需要用"在"介引。泰国学习者不了解这两种语言的区别,造成了误加偏误。

(2)*今天,我不上课因为<u>我被病了</u>。

越南语：Hôm nay, tôi không đi học vì tôi bị bệnh.

译文：今天，我不上课因为我病了。

越南语中的"bị"，意思与汉语中的"被"类似，但是二者用法不同。越南语中的"bị"可以用于不如意的情况，如生病；但汉语中的"被"是介词，不能充当谓语。越南学习者错误地认为汉语介词"被"与越南语的"bị"用法一致，导致了误加偏误的产生。

二、误代

（3）*我也想得到好成绩，给你们开心。（黄潇，2015）

泰语：ฉัน ก็อยาก ได้ คะแนนดีๆ ให้ พวกคุณ ดีใจ.

译文：我也想得到好成绩，让你们开心。

泰语中的"ให้"有"给""允许"的意思，既是动词，又是介词，这与汉语中的"给"类似。泰国学习者很容易将二者等同起来，并在表达时迁移使用母语的表达方式，造成"给"和"让"的误代偏误。

（4）*爸爸想给我当老师。（郭慧，2019）

老挝语：ພ ຍາກ ໃຫ້ຂ້ອຍ ເປັນ ຄູສອນ.

译文：爸爸想让我当老师。

与泰语类似，汉语介词"给"和"让"在老挝语中都是用"ໃຫ້"表示。在学习难度上，母语与目的语一对多是难度等级最高的。老挝学习者容易将母语中的"ໃຫ້"与汉语中首先学到的且使用频率高的"给"对应，造成误代偏误。

（5）*我在河内来。

越南语：Tôi ở hà nội đến.

译文：我从河内来。

在越南语中，"ở"表示"在"的意思。越南学习者容易将越南语的"ở"直接翻译成汉语的"在"，从而造成误代偏误。

（6）*爸爸不给我跟他去玩儿。（黎氏青和，2012）

越南语：Bố không cho tôi đi chơi với anh ấy.

译文：爸爸不让我跟他去玩儿。

越南语的"cho"对应汉语的"给",但也可以表达"容许"的意思,此时它应该对应汉语的"让"。如果越南学习者不了解这一点,就会造成误代偏误。

(7)*全班同学对他送了。(高凯敏,2016)

　　缅甸语:တတန်းလုံးက ကျောင်းဆွေတွေ က သူ့ကိုလိုက်ပို့ကြတယ်။

　　译文:全班同学都给他送行。

缅甸语中的"ကို"对应汉语中的"把""给""对""朝"等介词,两种语言之间属于"一对多"。如果缅甸学习者不了解汉语中每个对应介词的用法特点,就极容易发生误代现象。

(8)*她曾经对于我很好。

　　越南语:Cô ấy đã từng đối với tôi rất tốt.

　　译文:她曾经对我很好。

越南语中的"đối với"对应汉语介词"对""对于",用来介引动作行为的对象。汉语介词"对"和"对于"存在一定的差异,其中"对于"不能表示人与人之间的对待关系。越南学习者如果忽视了这一点,就会把三者完全对应起来,造成误代偏误。

三、错序

(9)*我说话跟爸爸很少。(黄潇,2015)

　　泰语:ฉันมักจะพูด กับพ่อ น้อยมาก.

　　译文:我跟爸爸说话很少。

(10)*老师讲语法给我们。(黄潇,2015)

　　泰语:คุณครูสอน ไวยากรณ์ ให้พวกเรา.

　　译文:老师给我们讲语法。

(11)*抽烟没有好处对身体。

　　越南语:Hút thuốc không tốt cho sức khỏe.

　　译文:抽烟对身体没有好处。

在汉语中,介词短语充当状语时一般位于谓语动词之前;而在泰语和越南语中,相应成分多位于谓语动词之后,语序正好与汉语相反,如例(9)中的"跟爸爸"、例（10）中的"给我们"、例（11）中的"对身体"。如果泰国和越南学习者完全按照母语的语序输出句子，就会造成错序偏误。

四、遗漏

（12）*我打电话爸爸妈妈。

　　泰语：ฉันจะ โทร หา พ่อกับแม่.

　　译文：我打电话给爸爸妈妈。

这个泰语句子直译成汉语是"我打电话找爸爸妈妈"，"หา"翻译成"找"。但是，这样的翻译并不符合汉语语法，泰国学习者很容易将"找"看作谓语动词，而放弃用介词介引对象。

（13）*那件事我无关。

　　泰语：เรื่องนั้น ผมไม่เกี่ยว.

　　译文：那件事跟我无关。

此例遗漏了介词"跟"，是因为泰国学习者受母语负迁移的影响，直接按母语语序翻译了各句法成分。

（14）*这个本领正是你们教给的。（黎氏青和，2012）

　　越南语：Bản lĩnh này chính là các bạn dạy cho đấy.

　　译文：这个本领正是你们教给我的。

越南语的"cho"与汉语的"给"意义相近，除了当介词以外，它还可以充当动词、助词等。越南学习者很容易将两者的用法等同，从而造成遗漏偏误。

64. 其他母语者习得介词的常见偏误有哪些？

一、误加

（1）*从买东西后，回家。（嘉蜜，2017）

　　波斯语：بعد از خرید برگردیم خانه.

　　译文：买东西后回家。

（2）*我是从德黑兰大学的一个学生。（嘉蜜，2017）

波斯语：من دانشجویی از دانشگاه تهران هستم.

译文：我是德黑兰大学的一个学生。

波斯语中的介词"از"用法很多，如例（1）中可以介引时间词语，例（2）中可以介引处所词语。汉语中的介词一般不能介引动宾结构，所以例（1）是错误的；在汉语中，处所词语可以直接充当定语，不需要介词介引，所以例（2）也是错误的。例（1）和例（2）都属于误加偏误。

（3）*我的朋友对我问为什么我喜欢中国文化。（玛利亚，2019）

西班牙语：Yo le pregunté a mi amigo por qué le gusta la cultura China.

译文：我的朋友问我为什么喜欢中国文化。

在西班牙语中，当动词带指人宾语的时候，宾语前需要加介词"a"。这个"a"在大多数情况下和汉语介词"对"对应，所以西班牙学习者很容易误加介词"对"。

（4）*我在中国里读书。（董阳，2020）

俄语：Я учусь в Китае.

译文：我在中国读书。

俄语中的前置词"в"表示在空间的内部，俄罗斯学习者容易将其对译为"里"，将"в Китае"理解为"在中国里"；但是在汉语中，"在"介引表示处所的名词，尤其是专名时，"里"应该省略。

二、误代

（5）*我向他感到很失望。（甜甜，2017）

阿拉伯语：شعرت نحوه بخيبة أمل كبيره.

译文：我对他感到很失望。

（6）*从这个道理，他会慢慢想他的周围怎么样。（周阳，2016）

德语：Von dieser Wahrheit würde ich mir langsam überlegen, wie seine Umgebung ist.

译文：通过这个道理，他会慢慢思考周围的情况。

误代偏误一般发生在学习者母语与汉语"一对多"时。在例（5）中，阿拉伯语的"نحو"可以对应汉语介词"对"和"向"，都表示对象；在例（6）中，德语的"von"可以对应汉语介词"从"和"通过"，都表示方式、手段。如果学习者不了解汉语多个对应介词之间的区别，就容易产生误代偏误。

三、错序

（7）*他学习<u>在内罗毕大学</u>。（彼得，2019）

　　斯瓦希里语：Anasomea katika chou kikuu cha Nairobi.

　　译文：他<u>在内罗毕大学</u>学习。

（8）*我买书<u>在书店</u>。

　　法语：J'ai acheter des livres dans les librairies.

　　译文：我<u>在书店</u>买书。

（9）*我学过汉语<u>在中学</u>。（左甜甜，2020）

　　尼日利亚伊博语：Amụtara m asụsụ Chinese n'ụlọ akwụkwọ sekọndrị.

　　译文：我<u>在中学</u>学过汉语。

汉语的一个句法特点是状语一般位于谓语动词前，这与例（7）中的斯瓦希里语、例（8）中的法语和例（9）中的尼日利亚伊博语正好相反，这三种语言都将状语放在谓语动词后面。例（7）~（9）的错序偏误都可以反映出学习者母语负迁移的影响。

（10）*经理开会<u>从一点到三点</u>。（安娜，2019）

　　俄语：директор на собрании с часу до трех.

　　译文：经理<u>从一点到三点</u>开会。

在俄语中，时间状语"从一点到三点"可以放在句末。很明显，例（10）的错序偏误是俄罗斯学习者完全按照母语的语序输出句子导致的。

（11）*她开始<u>从明天起</u>一项工作。（周阳，2016）

　　德语：Sie fangtvon Morgenmit einer Arbeit an.

　　译文：她<u>从明天起</u>开始一项工作。

德语通过状语补足语说明动作发生的情况，如时间、地点、原因等，补足语是必需成分。补足语和动词的关系十分紧密，常后置于动词，"von Morgen（从明天开始）"便是这样。德国学习者按照母语的语序进行表达，就会产生错序偏误。

四、遗漏

（12）*在我的观点，英语太难。（彼得，2019）

斯瓦希里语：Kwa maoni yangu kiingereza ni kigumu sana.

译文：在我看来，英语太难。

（13）*在桌子有一本书。

意大利语：C'è un libro sul banco.

译文：在桌子上有一本书。

例（12）和例（13）都遗漏了介词框架中的后置词。一些语言，如意大利语，其介词本身就含有方位义，后面不需要再添加方位词，但是汉语的介词并无此含义。学习者如果不知道这一点，就很容易遗漏介词框架中的后置词。

（14）*我希望你可以他坦白。（左甜甜，2020）

尼日利亚伊博语：Enwere m olileanya na ị ga-ekwupụtara ya.

译文：我希望你可以向他坦白。

在汉语中，介引"解释""说明""坦白"这类言说义动词的对象时，需要使用对象类介词"向"，但伊博语中的动词"ga-ekwupụtara ya（坦白）"则不需要对象类介词介引。如果学习者不知晓这一点不同，便会直接说出动词，从而导致对象类介词的遗漏。

65. 汉语作为第二语言学习者习得介词框架的常见偏误有哪些？

一、遗漏

介词框架由一个前置介词和一个后置词构成，汉语作为第二语言学习者习得介词框架时的常见偏误是遗漏偏误，即只关注到了前置词而遗漏了后置词。例如：

（1）*中国文化对留学生特别有意思。（中国文化对留学生来说特别有意思。）

（2）*我们班在比赛得了第一名。（我们班在比赛中得了第一名。）

（3）*把鸡肉和菜放在热水。（把鸡肉和菜放在热水里。）

很多语言中并不同时存在前置词和后置词，比如在英语中，"对……来说"对应"for..."，"在……中"对应"in..."。在例（3）中，"热水"是普通名词，不具备处所义，其后需要加上方位词"里"，使普通名词由表事物转换为表处所，"里"是必需的，不能省略。但在其他语言中，介词本身就包含了方位义，如"in"（英语）、"ใน"（泰语）。学习者很容易按照母语的语言形式进行输出，造成遗漏偏误。

俄语中也存在这样的例子：

（4）*我从朋友来了。（我从朋友那儿来了。）（安娜，2019）

（5）*请在表格写你的名字。（请在表格里写你的名字。）（安娜，2019）

在俄语里，表示处所的前置词可以与名词搭配，后面不需要再添加方位词或代词。俄罗斯学习者将这一规则套用到汉语中，就会出现例（4）中遗漏了代词"那儿"、例（5）中遗漏了方位词"里"的偏误。

除了后置词遗漏，前置介词也容易被遗漏。例如：

（6）*现在人们的生活中，互相帮助，或者为了别人吃亏的事是很难以见到的。（现在，在人们的生活中，互相帮助，或者为了别人吃亏的事是难以见到的。）

当介词框架"在……中"前有状语修饰时，"在"不能省略。当然，例（6）也有可能是由于学习者认为"现在"后面再加一个"在"会造成重复，所以故意遗漏了介词"在"。

此外，汉语作为第二语言学习者在使用中还存在遗漏整个介词框架的现象。例如：

（7）*孩子只有人与人的交流才能学会语言。（只有从人与人的交流中，孩子才能学会语言。）

例（7）中的"只有人与人的交流"缺少谓语，把它变为状语或增加谓语动词后才能成句。从变换为状语的角度看，学习者遗漏了介词框架"从……中"。

除遗漏外，误加、错序、误代偏误在介词框架习得中也存在，但数量明显不及遗漏偏误多。

二、误加

误加偏误，例如：

（8）*在故事中，以他自己每天去山底下挑水的例子，形象地说明了这个情况。（故事以他自己每天去山底下挑水的例子，形象地说明了这个情况。）

（9）*通过在中国的学习和生活中，我喜欢上了中国文化。（通过在中国的学习和生活，我喜欢上了中国文化。）

例（8）中的介词框架"在……中"一般只能充当状语，不能充当主语，应删去；在例（9）中，"通过"和"中"都有过程义，应删去"中"。

三、错序

错序偏误，例如：

（10）*他学习在教室里。（他在教室里学习。）

（11）*当人们不断地浪费钱在吸烟上，就会令外汇流失。（当人们不断地在吸烟上浪费钱，就会令外汇流失。）

错序偏误与单个介词的情况类似，主要是受学习者母语语序的影响，将介词短语置于了句末。

四、误代

误代偏误，例如：

（12）*在现代生活里，父母每天去公司工作，他们一般回家回得很晚。（在现代生活中，父母每天去公司工作，他们一般回家回得很晚。）

例（12）中的"在……里"一般表示空间意义，而说话人要表达的是过程义，应改为"在……中"。

第六部分　介词的教学理念与方法

66. 介词的教学原则是什么?

从本问开始,我们谈一谈介词的教学问题。首先,我们会从宏观上介绍介词的教学原则,为教师搭建介词教学的框架;之后,我们将通过展示教学案例,抛砖引玉,将教学原则具体化,给教师提供切实可行的教学建议。

介词教学属于词汇教学。在词类归属上,介词属于虚词,虚词在使用中主要表达语法意义。因此,介词教学既属于词汇教学,又属于语法教学。

一般而言,词汇教学有自身的特点。例如:①针对成人的词汇教学应兼顾语言和文字。教师应充分利用汉字形、音、义相结合的特点,将生词与学过的同音词、同义词、同形词进行关联,帮助学生找到新旧词语之间的关系,形成词汇记忆网络,构建心理词典。②词汇讲解应重点讲用法。教师应将词语放在特定的情境中去教学,设置典型语境,用学生听得懂的句子讲解,引导学生归纳词语的用法。除此之外,教师还应注意词汇呈现的方式和手段,采用与教学对象、课型相匹配的方式,并注重以旧带新、以新带旧。在讲解与词语有关的语法知识时,教师要关注到第二语言学习者的学习特点,要注重语言形式和意义、用法之间的关联,在此基础上加强形式的巩固和功能的操练,并根据学习者的特点和已有的研究成果对可能出现的偏误进行预测和防范。

介词教学同时还具有语法教学的特点。例如:①注重结构、语义与功能相结合;②关注意义的同时注重形式的操练;③将语法点置于交际活动中进行教学;④细化语法规则,用大量实例说明语法点的使用条件;⑤注重研究学习者的语法偏误，特别要注重与学习者母语和汉语中易混淆的语法点进行比较，预防可能出现的母语负迁移和目的语过度泛化导致的偏误。

结合以上原则，并充分分析了学习者的偏误，我们认为介词教学中要特别注重以下几点：

第一，实用性。对汉语学习者来说，学习汉语最主要的目的是能听、能说、能读、能写。掌握汉语介词，能够使他们的表达更地道、严谨。但是，汉语的介词系统十分复杂，让学习者在短期内掌握整个介词系统是不现实的。我们应该对介词系统进行分层教学，即先教那些常用的、简单的、实用的。在具体教学中，我们应将介词的语法意义、句法特征和限制条件都讲清楚，教会一个是一个。

第二，具体性。在讲解介词时，切忌使用抽象的语法概念，一定要将介词的用法融入具体的例句中。由于介词本身并不具有词汇意义，其意义体现在句法结构中，所以教师要特别重视讲解介词的搭配，让学生在语境中明白介词的用法。另外还要兼顾介词的语言形式和意义两个方面，尤其是讲解介词所处的句法环境及其所构成的介词框架时，教师应设置从形式到意义、从意义到形式的转换练习，让学生逐渐领悟到介词相关形式与意义的关系。

第三，系统性。注重知识传授的体系化，让学生明确相似介词之间的联系和区别。当学生的汉语达到中高级水平后，教师在教学中要着重于介词之间的对比，如"朝""向"与"往"、"按照"与"依据"，讲清楚易混淆介词之间的相同点与不同点。此外，教师如果懂学生的母语，还应将所学介词与学生母语中"似同实异"的词进行比较，避免学生母语负迁移造成的偏误。在讲解多义介词时，如"从""于"等，要注意结合语境，让学生明白每种用法的使用条件。

第四，渐进性。教师应最先对该词最常用的义项进行教学，循序渐进，切忌将一个词的多个义项一次性全部讲完。教育部中外语言交流合作中心和国家语委2021年发布的《国际中文教育中文水平等级标准》以及与本书同一系列的《对外汉语教学语法初级大纲》《对外汉语教学语法中级大纲》在不同的等级都对介词的义项进行了具体划分，教师在教学中可适当参考。随着学生汉语水平的提高，教师还要注意引导学生进行义项归纳和总结。

第五，趣味性。教师可以利用图片、视频、游戏等多种手段和方式进行教学，引导学生进行自主归纳、自主学习。讲解语法时，教师应尽量抓住要点进行"精讲"，多设置一些交际活动，把大部分时间留给学生进行练习，让学生在完成交际活动的过程中学会运用所学介词，真正理解这些介词的使用条件。

67.介词的教学方法有哪些？

在上一问中，我们从宏观上介绍了介词教学的基本原则。本问我们将以这些原则为指导，具体介绍介词的教学方法。

一、以旧释新法

以旧释新法，即用已经学过的汉语词语来解释生词。需要注意的是，教师在使用这种方法时，如果两个词的意义和用法并不完全相同，那一定要讲清楚旧词与新词之间的区别。

示例：讲解介词"自从"

学生在中级阶段学习介引时间的介词"自从"时，教师可以用曾经学过的介引时间和空间的介词"从"引入。

教师可以先带领学生复习一下"从"的用法，提供图片或语境让学生造一些句子。例如：

（1）<u>从去年开始</u>，我们就在这里学习了。

（2）我<u>从韩国</u>来。

（3）李烁<u>从一班</u>到了五班。

教师可以告诉学生，在上面三个句子中，"从"构成的介词短语分别表示时间、空间和变化的起点；然后再告诉学生，当表示时间的起点时，"从"也可以换成"自从"。所以，例（1）也可以说成：

（1'）自从去年开始，我们就在这里学习了。

但是，"自从"不能表示空间和变化的起点，所以例（2）和例（3）中的"从"都不能换成"自从"。

接着，教师就要告诉学生"从"和"自从"在介引时间时的相同点和不同点。如果学生的汉语已经达到高级水平，教师还可以顺带比较一下二者与介词"自"的异同。"从""自从""自"三者之间的异同详见本书第29、40问。

二、举例归纳法

举例归纳法，即给学生提供大量例句，让学生通过例句来体会和理解介词的意义和用法，并引导学生自行归纳介词的使用规则。

示例：比较"对"和"对于"

教师可以先请学生体会下面这些例句，提醒其重点关注"对"和"对于"所介引的宾语，判断这些宾语是人还是物，引导学生自行总结出"'对'可以表示人与人之间的对待关系，但是'对于'不可以"这一条规则。

（4）<u>对 / 对于</u>老师的意见，我非常重视。

（5）我<u>对 / 对于</u>你的故事没兴趣。

（6）a. 他<u>对</u>我很有礼貌。

　　b. *他<u>对于</u>我很有礼貌。

（7）a. 学生们<u>对</u>外国朋友很友好。

　　b. *学生们<u>对于</u>外国朋友很友好。

三、图示法

教师可以通过图示，将抽象的语法规则具体化。

示例：比较"除了A，B也 / 还……"与"除了A，B都 / 全……"

如图67-1，左边的表示"除了A，B也 / 还……"，右边的表示"除了A，B都 / 全……"。

图67-1　"除了A，B也 / 还……"与"除了A，B都 / 全……"

利用示意图，教师可以直观地向学生解释"除了A，B也 / 还……"中的A与

B属于同一类，而"除了A，B都/全……"中的A与B不属于同一类。

四、对比法

教师可以通过对比汉语与学生母语中相应介词的意义与用法，提醒学生注意二者的差异。

示例：介词框架中后置方位词的教学（针对英语母语者）

我们在第65问中曾提到，母语为英语的学习者习得介词框架时，常常会遗漏后置方位词。例如：

（8）*衣服放在椅子。

（9）*在书包有我的手机。

教师可以先列举一些汉语和英语的例子进行对比，例如：

（10）in the closet　　在衣柜里

（11）on the table　　在桌子上

（12）under the table　　在桌子下面

（13）over the bed　　在床上方

（14）behind the wall　　在墙后面

不少教材和词典都把介词"在"等同于英语中的"in/on/under/over/behind"等，这种不完全的等同容易诱发偏误。教师在课堂教学中一定要通过例子告知学生：在英语中，介词"in/on/under/over/behind"后接名词就可以表示处所；而在汉语中，除了用介词"在"，名词性宾语之后还必须添加方位词。

需要注意的是，并不是所有的名词性宾语之后都必须添加方位词，教师还要对这一点进行特别说明。教师可以列出下面两组例子进行对比：

（15）在学校　　在中国　　在北京　　在图书馆

（16）在床上　　在桌子上　　在衣柜里　　在抽屉里

在例（15）中，"在"后面是处所名词，这类词一般表示机构、国家、城市等，其后可以不用方位词；在例（16）中，"在"后面是普通名词，其后添加了方位词才可以表示处所。

68. 怎样安排介词的教学顺序？

针对复杂的介词系统，《国际中文教育中文水平等级标准》等权威大纲列出了各等级需要学习的内容，但并未对教学的顺序做出要求。介词的教学顺序，涉及先教什么，后教什么的问题。我们认为，教师在安排教学顺序时，应遵照以下几个原则：

一、由易到难

在汉语教学中，哪些介词比较容易？哪些介词比较难？教师需要依据自身的经验，并结合相关习得研究的成果进行综合判断。

表68-1是崔希亮（2005）对欧美汉语学习者主要介词习得偏误率所做的统计。

表68-1　欧美汉语学习者主要介词习得偏误率　　　　　　单位：%

主要介词	英语	德语	俄语	法语	西班牙语	均值
在	12.50	21.00	30.10	22.70	18.50	20.96
给	20.70	28.80	14.30	15.50	38.70	23.60
比	20.30	22.60	26.00	16.00	22.20	21.42
让	13.30	28.60	13.00	12.00	12.00	15.78
被	33.30	20.00	40.00	33.30	16.70	28.66
把	19.90	18.40	23.80	17.50	24.00	20.72
为	10.00	33.30	13.00	29.40	33.30	23.80
从	13.20	35.10	18.50	26.80	28.60	24.44
跟	14.08	24.49	15.46	12.68	15.38	16.42
往	34.78	25.00	0.00	25.00	0.00	21.20
向	47.62	0.00	10.00	35.71	20.00	22.67
对	25.00	10.71	21.79	6.70	5.66	13.97

从表68-1中我们可以看出，"对""让""跟"等几个介词的习得偏误率较低，而"被""从""为""给"等几个介词的习得偏误率较高。这可以给我们的教学顺序安排带来一些启示。但需要注意的是，对于多义介词，我们一般是按

照义项的难易度分层教学的,这里统计的习得偏误率并未区分义项。较为科学的办法是对汉语作为第二语言学习者的介词习得偏误率进行分义项统计,这样得出的难易顺序才更有说服力和参考价值。

当然,这样操作起来会比较复杂。教师可以参考一些使用范围广、口碑好的教材对介词教学顺序的安排,这些教材一般是多位一线教师根据多年教学经验编写而成的,他们对于不同介词及其义项的学习难度往往有更为合理的把握。

二、从交际出发

从交际出发是功能教学法的原则。具体来说,就是跟基本交际密切相关的介词及义项先教,关系不那么密切的后教。交际性可以从母语者的使用频率上体现出来。一般来说,交际性强的,使用频率就高。因此,介词教学的先后顺序,也可以考虑母语者的使用频率。

表68-2是崔希亮(2005)对汉语母语者常用介词使用频率的统计。

表68-2　汉语母语者常用介词的使用频率(每百字出现的次数)

常用介词	母语者使用频率
在	0.55
给	0.12
与	0.06
同	0.03
比	0.04
让	0.01
被	0.06
叫	0.01
把	0.16
为	0.11
由	0.04
从	0.11
于	0.05
离	0.01

（续表）

常用介词	母语者使用频率
和	0.03
跟	0.05
往	0.03
向	0.07
朝	0.01
对	0.17

从表68-2中可以看出，汉语母语者最常使用的介词是"在"，其次是"对""把""给""为""从"。这些介词都很常用，其义项和功能都比较丰富，因此在交际中大量出现，应该先教。而"让""叫""离""朝"用得比较少，应该后教。

以上是两个基本原则，我们依据的是第二语言学习者的习得偏误率和母语者的使用频率。此外，关于介词的教学顺序，还有一些补充原则。

三、按照介词所在句式的难度教学

一些特殊的介词，如"比""把""被"出现在特殊句式中，这些特殊句式一般还包括一些下位句型。以"比"字句为例，最基本的"比"字句是差比句，差比句包括两类下位句型：一般差比句和度量差比句。一般差比句，例如：

（1）哥哥比弟弟高。

度量差比句，例如：

（2）哥哥比弟弟高五厘米。

（3）哥哥比弟弟高一些。

（4）哥哥比弟弟高得多。

一般差比句还包括两种特殊句型，预设差比句和话语否定式差比句。预设差比句用"更""还"等副词表示预设义。例如：

（5）哈尔滨比北京更冷。

（6）广州比杭州还热。

这两句的预设义分别是"北京很冷""杭州很热",添加"更""还"表示"哈尔滨"和"广州"的温度比预设的程度还要高。

话语否定式差比句,例如:

(7)哥哥不比弟弟高。

这类句式并不是"比"字句意义上的否定,主要用于话语否定。例如:

(8)A:哥哥比弟弟高。

　　B:哥哥并不比弟弟高,他俩差不多。

这些句型最好按照难度进行排序,依次学习,我们建议的教学顺序是:一般差比句→预设差比句→度量差比句→话语否定式差比句。如果将其放在一起进行教学,学习者不仅难以掌握,还可能诱发更多偏误。

四、充分比较汉语与学习者母语的差异

每种语言的介词系统都是不同的,例如,"英语介词比汉语介词分类更细、通过介词来明确标识的语义特征更多,自然使用频率就更高。同类别的英语介词与汉语介词之间可能是多对一或者多对少,甚至是有对无……"(王鸿滨,2017:80)。我们从第61~65问的偏误中也可以看出,学习者习惯于将母语中对应词的语义和用法迁移到汉语中。因此,教师在教学中应该充分考虑学习者母语中的介词与汉语介词的差异:如果完全相同,那么学习者可以实现正迁移,这样的介词可以先教;如果差异较大,且介词的使用频率相对较低,那这样的介词可以后教。

第七部分　介词教学案例

69. 怎么教介词"在"？

一、教学对象

初级水平的汉语学习者，词汇量在200左右。

二、教学内容和目标

1. 让学习者了解介词"在"介引时间和处所的功能
2. 让学习者了解"在"所构成的介词框架的用法

三、教学步骤

1. 引入

教师可以通过展示一些名人照片，询问学生对这些名人的了解程度，尤其是出生年月、出生地等信息，引出介词"在"所处的语言环境。

2. 新课讲解

①讲解"在"介引处所的用法。教师先给出句型"S＋在＋地点＋V"，请学生用该句型描述一下自己的生活，如"我在教室上课""我在宿舍看书"等；随后，教师给出另一句型"sb.＋生在＋地点"，继续利用名人信息以及师生们都知道的出生地信息让学生造句。

②讲解"在"介引时间的用法。教师可以先展示出这些名人的生日信息，并给出句型"S（＋在）＋时间＋V"，请学生介绍一下他们，如"成龙（在）4月7

日过生日"等;随后向学生呈现如图69-1的日常生活,让学生用所给句型进行简单的描述,如"我(在)早上6:30起床"等;然后,教师让学生描述其他图片的内容,多让学生练习;之后,教师可以给出另一句型"在+时间,……",让学生重新造句,如"在上午8点,我去上班",也可以提问学生相关内容,请学生复述句子。

图69-1 "我"一天的生活

③讲解"在"介引的处所宾语。如果宾语是普通名词,那其后需要添加方位词,构成如"在……里"这样的介词框架后才可以表示处所;如果宾语是表示机构、国家、城市等的处所名词,其后不用添加方位词。

3. 课堂总结

板书句型:

(1)"在"介引处所:S+在+地点+V;sb.+生在+地点。

(2)"在"介引时间:S(+在)+时间+V;在+时间,……。

四、布置作业

1. 判断对错

(1)今天大家都食堂吃饭。　　　　　　　(　　)

(2)我很想在中国里工作。　　　　　　　(　　)

(3)他工作了三年在中国。　　　　　　　(　　)

(4)我在飞机上看见了大海。　　　　　　(　　)

（5）现在我在汽车站等车呢。　　　　（　　）

2. 请用五句话介绍你一天的生活，每句都要用"在"

70. 怎么在语法课上复习对象类介词"对"？

一、教学对象

中级水平的汉语学习者，词汇量在2500左右，已经在初级阶段学过介词"对"。

二、教学内容和目标

1. 比较介词"对"表示动作指向对象、对待对象、针对对象的用法
2. 明确介词"对"与"和""跟""向""给"的异同

三、教学步骤

1. 复习表动作指向对象的"对"

首先，我们可以先复习较为容易的表动作指向对象的用法。教师可以先展示一些例句，如：

（1）他对我打招呼。

（2）老师对我说："注意身体！"

教师请学生朗读这些例句并归纳一下这些句子的句型特点以及句中"对"介引的对象的语义特点。最后，教师板书或展示：

句型：S + 对 + O + VP

对1：面对、朝、向。表示动作VP指向的对象。

"对"的这一用法，学生容易与介词"和""跟""给""向"混淆。教师可以逐个与"对"进行比较，如"对"和"跟"。

选词填空："对"和"跟"

218　介　词

（1）哥哥（　　）我笑了笑。

（2）我（　　）朋友一起去看电影。

（3）男朋友经常（　　）我聊天儿。

（4）老师经常（　　）我们说："好好学习！"

在对比这些介词的异同时，教师应重点讲解这些介词之间的差异。例如，"和""跟"可以与"一起"搭配，可以和"聊天儿"等两个人一起完成的动作共现，而"对"没有这种用法。至于"对"和"向""给"之间的异同，大家可以参考本书第27、30问中的相关内容。

2. 复习表对待对象的"对"

接着，我们可以复习"对"表示对待对象的用法。教师同样可以先展示一些例句，如：

（3）王老师对我很好。

（4）张华对学习一丝不苟。

随后，教师请学生归纳一下这些句子中"对"介引的对象的语义特点。最后，教师板书或展示：

对2：对待。表示对待的对象。

3. 复习表针对对象的"对"

最后，我们可以复习"对"表示针对对象的用法。教师同样先举例子，如：

（5）写作文对学习汉语很有用。

（6）我们对这个问题提出了很多不同的看法。

随后，教师请学生归纳一下这些句子中"对"介引的对象的语义特点。最后，教师板书或展示：

对3：针对。表示动作行为针对的对象。

此外，教师还可以讲解一下"对"所构成的介词框架"对……来说"。举例：

（7）对我来说，中国是我的第二故乡。

（8）对小林华来说，家庭教育起到了更大的作用。

教师随后引导学生归纳"对……来说"的语义功能和句法特点，告知学生这一结构表示的是某人对某事的看法；然后再抛出一些话题，如"你对'幸福'的定义是什么？""你认为什么样的人生才是有意义的？"等，请学生用"对……来说"发表看法。教师还应强调介词框架的完整性，告诉学生一定不能缺少后面的准助词"来说"。

如果还有时间，教师可以帮助学生区分一下"对……来说"和"在……看来"，通过例句让学生牢固掌握介词与后置词的搭配。

4. 课堂总结

对1：面对、朝、向。表示动作VP指向的对象。

　　"对"vs"和"、"对"vs"跟"、"对"vs"给"、"对"vs"向"

对2：对待。表示动作对待的对象。

对3：针对。表示动作行为针对的对象。

"对……来说"表示的是某人对某事的看法。

"对……来说"vs"在……看来"

四、练习强化

用介词"对"完成下列句子：

（1）妈妈、我、生气

（2）我、汉字、难

（3）好朋友、日本、喜欢

（4）孩子、老师、礼貌

（5）工作人员、顾客、解释

（6）同屋、每一次作业、认真

71. 怎么教表示变化起点、经过和依据的"从"？

一、教学对象

中级水平的汉语学习者，词汇量在1500左右，在初级阶段学过"从"介引时间和空间起点的用法。

二、教学内容和目标

1. 复习"从"表示时间和空间起点的用法

2. 学习"从"构成的介词框架及其表示变化起点、经过以及依据和来源的用法

三、教学步骤

1. 复习及引入

首先复习"从"表示时间和空间起点的用法。教师可以给定情境，让学生说出或写出句子。例如：

（1）食堂5：30开门，20：00关门。

（2）大卫的家在伦敦，他来北京学习汉语。

学生说出或写出句子后，教师展示范句：

（3）食堂从5：30到20：00开门。

（4）大卫从伦敦到北京学习汉语。

随后，教师引导学生回忆并归纳"从"表示的意义以及"从"所在句子的结构，即："从"后面加时间或地点，表示开始。教师板书句型：

S＋从＋时间/地点＋到＋时间/地点＋VP

在表示地点时，如果只强调起点，可以不用"到"，只说"从"。例如：

（5）我从北京来。

（6）你要从这里上车。

教师板书句型：

S＋从＋地点＋VP

之后，教师让学生造句并讲评。

2. 新课讲解

①讲解"从"构成的介词框架。"从"表示时间起点时，可以构成一些介词框架，如"从……起""从……开始""从……以来"。教师可以从学习者常出

现的偏误句入手，如先展示以下句子：

（7）*我从明天7：00起床。

（8）*从我到中国，我的汉语水平提高得很快。

然后告诉学生，这些句子是错误的。"从"表示时间起点时，如果只表示开始的时间，一般要用介词框架"从……起""从……开始"；如果强调过去开始到现在的时间，那要用介词框架"从……以来"，后置词一定不能省略。因此，上面两个句子一定要说成：

（7'）我从明天起/开始7：00起床。

（8'）从我到中国以来，我的汉语水平提高得很快。

讲解完成后，教师可以让学生做关于"从……起""从……开始""从……以来"的翻译练习或填空练习。

②讲解"从"表示变化起点的用法。教师先通过展示图片（如图71-1）给出情境，例如：

1980年的深圳

2020年的深圳

放入冰箱之前

放入冰箱之后

图71-1

然后再给出例句：

（9）40年的时间，深圳从农村变成了大都市。

（10）这瓶饮料从水变成了冰。

最后，引导学生归纳出句型：

$$S+从+A+V成了+B$$

③讲解"从"表示经过的用法。同样，教师先通过展示图片（如图71-2）给出情境，例如：

图71-2

教师先让学生试着说句子，然后展示：

（11）你从这条路走，可以到山上。

（12）他从桥上走过。

最后，引导学生归纳出句型：

$$S+从+地点+VP$$

教师总结："从"可以介引动作发生的地方，表示经过。

④讲解"从"表示依据和来源的用法。表示依据和来源时，"从"多以介词框架"从……（来）看""从……中""从……上"等形式出现。教师可以先给出具体情境，如拿出一张名人照片，让学生猜其年龄，引导学生说出"从照片上看，我觉得她大概40岁"；然后再教授介引抽象事物的，如：

（13）今天老师讲了"从"的用法，从老师的讲解中，我们学到了很多新知识。

3. 课堂总结

"从"的用法：

表示时间起点：$S+从+时间+到+时间+VP$；

"从……起""从……开始""从……以来"

表示空间起点：$S+从+地点+VP$；$S+从+地点+到+地点+VP$

表示变化起点：S＋从＋A＋V成了＋B

表示经过：S＋从＋地点＋VP

表示依据和来源："从……（来）看""从……中""从……上"

四、布置作业

判断下列句子是否正确？如果不正确，请改正。

（1）我们从明天开始放暑假。　　　　　　（　）

（2）从上大学，他没好好儿学习过。　　　（　）

（3）我从报纸看到这个消息。　　　　　　（　）

（4）我们从桥上过去。　　　　　　　　　（　）

（5）他在楼梯上跑下来。　　　　　　　　（　）

（6）下午五点在宿舍出发。　　　　　　　（　）

（7）我变成了大人从孩子。　　　　　　　（　）

72. 怎么教介词"于"？

一、教学对象

中级水平的汉语学习者，词汇量在1500～2500。

二、教学内容和目标

1. 学习"于"介引时间、空间的用法
2. 比较"于"和"在"的区别

三、教学步骤

在现代汉语中，介词"于"的功能十分丰富，可以介引时间、空间、对象（有利于、作用于）、比较对象（大于、高于）、原因（死于）等，因此不宜在一课之内教完所有用法，应分层教学。"于"多用于书面语，《高等学校外国留学生汉语教学大纲（长期进修）》和《国际中文教育中文水平等级标准》都将其安排在中级阶段进行学习。在这一阶段，学生基本上学过了表示时间和空间起点、对象、比较的介词，因此在对"于"进行教学时，教师要注意与功能、用法相近的介词进行比较。

下面我们主要介绍一下介引时间和空间的"于"的教学步骤。

1. 复习及引入

教师可以先让学生回忆一下学过的可以介引时间和空间的介词。例如：

（1）我从六岁开始上学。

（2）新食堂自3月15日起开放。

（3）吉米出生在2001年。

（4）老师在黑板上写汉字。

教师总结：介词"从""自""在"都可以介引时间和空间。

2. 新课讲解

教师告诉学生可以介引时间和空间的介词，除了"从""自""在"外，还有"于"。例如：

（5）新中国于1949年成立。

（6）新中国成立于1949年。

（7）2021年奥运会将于日本东京举行。

（8）茶叶产于中国。

教师引导学生仔细观察例句，总结出"于"所出现的句法环境特征。从上述例句中我们可以发现，"于"和"在"类似，可以出现在主语之后、动词之前，也可以出现在动词之后。但是，并不是在所有的情况下，"在"都可以与"于"互换。教师应提醒学生比较：

（9）吉米出生在2001年。→ 吉米出生于2001年。

（10）老师在黑板上写汉字。→ *老师于黑板上写汉字。

再如：

（11）茶叶产于中国。→ 茶叶产在中国。

（12）我毕业于中文系 → *我毕业在中文系。

这是因为"于"来源于古代汉语，带有浓厚的书面语色彩，口语中不适合使用。"吉米出生于2001年"一般用于正式场合中对吉米的介绍；"老师在黑板上写汉字"是日常口语中常说的句子，不适合用"于"；"毕业于"是固定的搭配，不能说成"毕业在"，但是例（12）可以说成"我从中文系毕业"。

最后，教师讲解"于"表示来源的用法。当"于"用于介引地点且用在表示来源义的动词之后时，"于"构成的介词短语可以表达来源和起点。例如：

（13）长江、黄河都发源于青海省。

（14）我的成功源于我儿时的梦想。

3. 课堂总结

（1）"于"介引时间、空间时，可以出现在主语之后、动词之前，也可以出现在动词之后。

（2）"于"带有浓厚的书面语色彩，口语中不适合用。

（3）"于"介引地点且用在表示来源义的动词之后时，整个介词短语表达来源和起点。

四、布置作业

选择填空：

（1）比赛将_____下个星期一举行。

　　　A. 于　　　　　B. 由　　　　　C. 由于　　　　　D. 从

（2）我对中国大学信息的了解都来源_____网上。

　　　A. 在　　　　　B. 由于　　　　C. 于　　　　　　D. 从

（3）我_____家里看电视呢。

　　　A. 于　　　　　B. 由　　　　　C. 在　　　　　　D. 从

（4）中国的长城闻名_____全世界。

　　　A. 从　　　　　B. 由　　　　　C. 在　　　　　　D. 于

（5）这种手表最近_____学校很流行。

　　　A. 从　　　　　B. 由　　　　　C. 于　　　　　　D. 在

73. 怎么教介词"随着"？

一、教学对象

中级水平的汉语学习者，词汇量在1500～2000。

二、教学内容和目标

让学生了解"随着"的基本功能和用法。

三、教学步骤

介词"随着"的用法很特殊，宜在语篇中进行讲授。

1. 导入

教师可以先为学生提供语境，如"以前，中国的经济不发达，人们很穷；现在，中国的经济发展得很好，老百姓的生活水平有了显著的提高"。根据这段话，我们可以说：

（1）随着中国经济的发展，人民的生活水平有了显著的提高。

再如，"马瑞尔去年9月来中国的时候，对中国并不了解。他在中国的时间越来越长，开始有机会了解到很多中国的文化。他了解得越多，就越爱中国"。根据这段话，我们可以说：

（2）随着马瑞尔对中国文化的了解，他越来越喜欢中国了。

2. 新课讲解

教师可以再举一两个例子，然后把这些例子放在一起，请学生观察"随着"所在句子的句法特征，引导学生总结出：

"随着"及其宾语一般出现在句子开头，表示一种动态变化。这一变化像是一种背景，伴随这个背景，后面的主谓宾句所表示的内容也发生了变化。例如，"中国经济的发展"中"发展"表示变化，伴随这个背景，"人民的生活水平有了显著的提高"，"提高"也是一种变化。

当然，"随着"构成的介词短语不仅可以出现在句首，也可以出现在主语之后。例如，上面两句也可以说成：

（3）人民的生活水平随着中国经济的发展有了显著的提高。

（4）马瑞尔随着对中国文化的了解越来越喜欢中国了。

了解了介词"随着"所在语篇的基本特点之后，教师可以根据学生常出现的偏误，对"随着"构成的介词短语的句法特点进行强调。教师可以展示下列偏误句，让学生先自行判断这些句子是否正确。

（5）*随着夏天，天气热了。

（6）*随着汉语说得很多，成绩进步了。

（7）*随着弟弟的长，有了自己的想法。

在例（5）中，"随着"的宾语是名词"夏天"，这个名词不能表示变化。教师可与前面的例句进行对比，引导学生对其进行改正。一般来说，"随着"的宾语是"名词 + 的 + 动词"或者"名词 + 变得 + 形容词"等表示变化的结构，因此例（5）的前半句可以改成"随着夏天的到来"。

在例（6）中，"随着"的宾语也有问题，"汉语说得很多"是一种状态，而非变化，应改为表示变化的"随着汉语水平的提高"或者"随着汉语说得越来越好"。

在例（7）中，"弟弟的长"的确表示变化，对比前面的例句，教师应提醒学生"随着"的宾语中心语一般应是双音节的，这里可以改为"随着弟弟的成长"。

3. 课堂总结

介词"随着"的用法很特殊。从整体上看，"随着"构成的介词短语可以出现在句首，也可以出现在主语之后；"随着"及其宾语表示一种动态变化的背景，伴随这个背景，后面句子所表示的内容也发生了变化。具体来看，"随着"的宾语可以是"名词 + 的 + 动词"结构，此时宾语中心语的动词应是双音节的、表示变化的；也可以是"名词 + 变得 + 形容词""名词 + 越来越 + 形容词"等结构，后面句子也应该包含体现变化的动词或短语。

四、布置作业

来中国之后，你在生活、学习等方面有什么变化吗？请试着用"随着……"结构写出你认为最大的三个变化。

（1）_____

（2）_____

（3）_____

74. 怎样进行介词"给"和"为"的辨析教学？

一、教学对象

初级（下）水平的汉语学习者，词汇量在800～1000。

二、教学内容和目标

1. 了解介引对象时，介词"给"的基本功能
2. 了解介引对象时，介词"为"的基本功能
3. 比较介词"给"和"为"的共性与差异

三、教学步骤

1. 复习及引入

"给"和"为"的辨析，教师可以在教授介词"为"介引关涉对象这一用法时进行。此时，学生已经学过了介词"给"的一些用法，可以进行二者的比较。关于二者的异同，大家可以参考第44问中的相关内容，这里我们仅就介引对象的"给"和"为"进行辨析。

2. 新课讲解

首先，教师可以带领学生复习介词"给"的用法。例如问学生："你现在有急事要问问妹妹，但是她在超市，你怎么联系她？"学生会说：

（1）我马上给妹妹打电话。

再如，教师可以问学生："你们知道春节的时候，中国的孩子要做什么吗？"如果学生不知道，教师可以说：

（2）过春节时，孩子要给爸爸妈妈、爷爷奶奶拜年。

这是"给"的第一种用法——介引动作行为关涉的对象。"给"还有其他的用法，教师可以展示图片，请学生描述句子。例如：

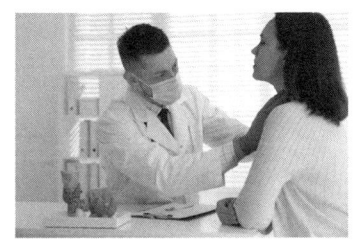 

图74-1

学生回答后，教师展示这两个例句：

（3）医生正在给病人看病。

（4）空姐在给乘客送饮料。

在这两个句子中，"给"的宾语也是动作行为关涉的对象；但与例（1）和例（2）不同的是，这两句中"给"的宾语同时也是动作行为的受益对象。此时，教师需要告诉学生，这里的"给"也可以换成"为"，例（3）和例（4）可以说成：

（5）医生正在为病人看病。

（6）空姐在为乘客送饮料。

这时，教师可以提供一些情境，启发学生说出更多的句子。例如问学生："你平时在家自己做饭吗？你们家是谁做饭？"学生可能说出：

（7）妈妈给/为一家人做饭。

再问学生："当你邀请同学到你家做客，你们进屋看到你的爸爸妈妈的，你应该做什么？"学生可能说出：

（8）我给/为家人介绍我的同学。

教师需要强调，只有介引动作行为的受益对象时，二者才能互换。"给"和

"为"作为介词都还有其他用法，其他情况下二者是不能互换的。

"为"做对象介词时，也有其他用法。例如，"为"可以介引宾语修饰表示心理活动或情感的心理动词或形容词，"为"用来介引心理活动涉及的对象。例如：

（9）中国队得了冠军，我们都为队员们高兴。

（10）她一个人出门，爸妈在家为她担心。

这时，"为"不能换成"给"。

3. 课堂总结

表74-1　介词"为"和"给"的比较

介词	介引受益对象	介引动作对象	介引心理活动对象
给	√	√	×
为	√	×	√

四、布置作业

选词填空：

（1）朋友_____我寄了一个包裹。

　　　A. 给　　　B. 向　　　C. 对　　　D. 为

（2）莫尼在歌手大赛中得了第一名，大家都_____她高兴。

　　　A. 给　　　B. 为　　　C. 对　　　D. 从

（3）我第一次来中国，爸爸妈妈很_____我担心。

　　　A. 给　　　B. 从　　　C. 对　　　D. 为

（4）我马上_____弟弟发微信。

　　　A. 跟　　　B. 给　　　C. 从　　　D. 为

（5）我来_____你们介绍一下，这位是王先生。

　　　A. 对　　　B. 给　　　C. 从　　　D. 送

（6）老板，可以_____我们打折吗？

　　　A. 对　　　B. 从　　　C. 替　　　D. 给

75.怎样进行介词"朝""向""往"的辨析教学?

一、教学对象

中级(上)水平的汉语学习者,词汇量在1800左右。

二、教学内容和目标

1. 了解介词"朝"的基本功能
2. 了解介词"向"的基本功能
3. 了解介词"往"的基本功能
4. 比较介词"朝""向""往"的共性与差异

三、教学步骤

1. 复习及引入

"朝""向""往"的辨析,教师可以在教授介词"朝"时进行。此时,学生已经学过了介词"向"和"往",可以对三者的异同进行比较了。本书第36~38问较为全面地对三者进行了比较,教师在引入时可以找一些三者通用和不能换用的例子。下面我们展示一下教师如何在有限的课堂教学时间内比较三者最主要的不同。

2. 新课讲解

"朝""向""往"都与方向有关。为了帮助学生记忆,教师可以先让学生回忆一下这三个词可以构成哪些介词短语及它们所表示的意义。

"朝",学生可能会说出"朝前看""朝我笑"等短语,教师由此可以告诉学生"朝"强调的是"面对"对象;"向",学生可能会说出"向前走""向天上飞"等短语,教师由此可以告诉学生"向"强调的是方向;"往",学生可能会说出"往前走""开往北京"等短语,教师由此可以告诉学生"往"强调的是位置的移动。

梳理完这些基本意义后,教师可以接着比较三者的句法特点和语义功能。

在句法上,教师要说清楚三者所处的句法位置。教师可以通过展示以下例句,让学生发现其中的不同。

(1) a. 同屋朝我挥了挥手。

　　b. *同屋挥了挥手朝我。

(2) a. 一只老鹰向天上飞去。

　　b. 一只老鹰飞向天上。

(3) a. 这趟列车开往上海。

　　b. 这趟列车往上海开。

对于中级水平的汉语学习者,教师可以告诉他们:"朝"构成的介词短语只能放在动词之前;而"向"和"往"构成的介词短语既能放在动词之前,也能放在动词之后(其实二者是有微小差异的,这可以到高级阶段再进行辨析)。

在语义上,教师要说清楚三者介引的宾语和修饰的动词的语义特点。教师可以先带领学生通过例句分析介词宾语的特点。例如:

(4) 朝我挥挥手 / 朝天上看

(5) 向我挥挥手 / 向天上看

(6) *往我挥挥手 / 往天上看

从这三个例子可以看出,只有"往"的宾语不能是人,只能是处所;其他两个介词的宾语可以是人,也可以是处所。

另外,教师需要告诉学生当介词宾语指人时,介词短语修饰的动词的特点。例如:

(7) 朝他挥挥手 / *朝他汇报 / 朝他打听

(8) 向他挥挥手 / 向他汇报 / 向他打听

教师可以先让学生观察动词"挥手""汇报""打听"的区别,引导学生归纳出规则:"挥手"是具体动作,"汇报""打听"是抽象动作;"汇报"是偏书面语的,而"打听"是偏口语的。因此,"朝"构成的介词短语可以修饰具体动作、偏口语的抽象动作,但不能修饰偏书面语的抽象动作;"向"构成的介词短语可以修饰具体动作,也可以修饰抽象动作,偏口语和偏书面语的均可。

3. 课堂总结

表75-1 介词"朝""向""往"的用法对比

介词	与动词的位置关系	宾语是人	宾语是处所	介词短语修饰具体动词	介词短语修饰偏书面语的抽象动词	介词短语修饰偏口语的抽象动词
朝	前	+	+	+	−	+
向	前/后	+	+	+	+	+
往	前/后	−	+	−	−	−

四、布置作业

选词填空：

（1）这些包裹都是寄_____（朝、向、往）灾区的。

（2）参加长跑的队伍_____（朝、向、往）终点跑去。

（3）风筝飞_____（朝、向、往）天空。

（4）司机们开着车_____（朝、向、往）河边驶去。

（5）女朋友_____（朝、向、往）我笑了笑，为我加油。

（6）列车带着大家驶_____（朝、向、往）目的地。

76. 怎么教介词框架"和……一样"？

一、教学对象

初级（下）水平的汉语学习者，词汇量在800左右。

二、教学内容和目标

1. 了解介词"和"介引比较对象的功能

2. 了解"A和（跟/与/同）B一样"及其相关结构的用法

三、教学步骤

1. 复习及引入

介词"和"与连词"和"有相似之处，而与一般介词的用法不太一样。因此，在讲解"和……一样"时，教师应该先带领学生复习一下连词"和"的用法。教师可以先呈现以下四个句子：

（1）我去过北京和西安。

（2）我去过西安和北京。

（3）我去过西安、北京。

（4）我去过西安，也去过北京。

这四个句子体现了连词"和"的特点，即连接的两个成分是平等的关系。在例（2）中，两个平等的成分位置可以互换；在例（3）中，连词"和"可以去掉；在例（4）中，两个平等的成分可以分解。教师随即再向学生展示作为介词的"和"，例如：

（5）我和邻居学习京剧。

作为介词的"和"有"向""跟"的意思，所介引的成分和主语之间是不平等的关系。通过例（5）与例（1）的对比，学生可以看出"和"作为介词与作为连词有很大的区别。

2. 新课讲解

学习介词框架"和……一样"时，教师可以通过展示图片，为学生提供典型的语用情境。例如：

图76-1

教师可以问学生："左边的图片和右边的图片一样吗？"得到肯定的答复后，教师可以展示目标句：

（6）左边的图片和右边的图片一样。

教师进而展示另一组图片：

图76-2

同样问学生："左边的图片和右边的图片一样吗？"得到否定答复后，教师展示目标句：

（7）左边的图片和右边的图片不一样。

教师让学生观察这两个目标句，总结出句型：

A和B一样／不一样

此时，教师应该强调在该句型中，A和B是表示人或事物的名词性结构，不能是其他词性的。例如：

（8）*我认真和他认真一样。

（9）*我重和小王不一样。

应该说成：

（8'）我的态度和他的态度一样。

（9'）我的体重和小王的体重不一样。

如果想表达程度一样，应该用句型：

A和B一样／不一样adj.

（10）我的态度和他的态度一样认真。

此时，B中和A一样的部分可以省略，所以例（10）也可以说成：

（10'）我的态度和他一样认真。

针对句型"A和B一样／不一样adj."，教师还应该强调形容词前不能受程度副词修饰，如不能说：

（11）*这本小说和那本一样很好看。

形容词也可以换成一般动词，但所在句型应改为：

$$A和B一样，都VP$$

（12）苏珊和本田一样，都去过北京。

最后，教师应该告诉学生，上面所总结的句型中的"和"还可以替换为"跟""与""同"，它们的意义和用法一样（其实是有区别的，不过这种区别可以到中高级阶段再辨析）。

3. 课堂总结

A和/跟/与/同B一样/不一样；

A和/跟/与/同B一样/不一样adj.；

A和B一样，都VP；

A、B都是表人或事物的名词性结构，B中与A一样的部分可以省略。

四、布置作业

请采访一下你的朋友，然后用今天学过的句型描述他们的共性和个性。

姓名	国籍	最爱的食物	最爱的颜色	去过的国家

77. 怎么教介词框架"除了……以外"？

一、教学对象

中级水平的汉语学习者，词汇量在1500左右。

二、教学内容和目标

了解"除了……以外"的加合式和排除式意义和用法。

三、教学步骤

"除了……以外"之所以成为教学难点，是因为它包含两种语义不同的分句式，一种是加合式，一种是排除式。教师要讲清楚这两种分句式的句法特点和意义。

1. 导入

教师可以先给学生展示一个包含多要素的情境，如各种水果。

图77-1

教师询问学生是不是吃过这些水果，或者喜欢哪些水果，不喜欢哪些水果。在询问过三个学生之后，教师可以在黑板上列一张表，如下：

表77-1　学生喜欢吃的水果

学生	苹果	西瓜	香蕉
李素媛	√	√	√
阿卜杜拉	×	√	√
大卫	√	√	×

教师可以根据这张表，讲解介词框架"除了……以外"。

2. 讲解加合式

教师可以问大家："李素媛喜欢吃什么水果？"然后根据大家的回答，展示目标句：

（1）<u>除了苹果以外</u>，李素媛还／也喜欢吃西瓜和香蕉。

教师可以总结出这种加合式的句型，即当前面的介词短语和后面的句子主语一致时，其所在的句型是：除了A以外，S还／也VP。这个时候，介词短语"除了A以外"也可以用在主语S后面，即所在句型可以变成：S除了A以外还／也VP。因此例（1）也可以说成：

（2）李素媛除了苹果以外还／也喜欢吃西瓜和香蕉。

教师接着问大家："谁喜欢吃西瓜？"然后根据大家的回答，展示目标句：

（3）除了李素媛以外，阿卜杜拉和大卫也喜欢吃西瓜。

此时，前面的介词短语和后面的句子主语不一致，所在的句型是：除了A以外，S也VP。

3. 讲解排除式

教师仍然就表77-1问大家："阿卜杜拉喜欢吃什么水果？大卫喜欢吃什么水果？"然后根据大家的回答，展示目标句：

（4）除了苹果以外，西瓜和香蕉阿卜杜拉都喜欢吃。

（5）除了香蕉以外，苹果和西瓜大卫都喜欢吃。

教师接着问大家："谁喜欢吃苹果？谁喜欢吃香蕉？"然后根据大家的回答，展示目标句：

（6）除了阿卜杜拉以外，李素媛和大卫都喜欢吃苹果。

（7）除了大卫以外，李素媛和阿卜杜拉都喜欢吃香蕉。

教师引导学生总结出排除式的句型：除了A以外，S都VP。

之后教师可以再给出一些语境，例如：

（8）李老师是老师，张文、荷西和美丽是学生。

（9）艾尼去过北京、上海、广州和西安。

然后让学生根据这些语境用"除了……以外"进行造句。

最后，教师要提醒学生在使用时，"除了……以外"还有一些变式，如"除了……（之外／外）""除……（以外／之外／外）"，它们的意义和用法与"除了……以外"是一样的。

4. 课堂总结

（1）加合式：

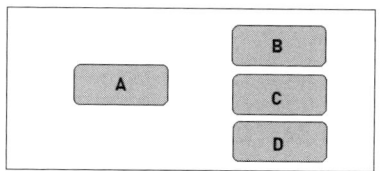

图77-2

介词短语和后面的句子主语一致时:

除了A以外,S还/也VP

S除了A以外还/也VP

介词短语和后面的句子主语不一致时:

除了A以外,S也VP

(2)排除式:

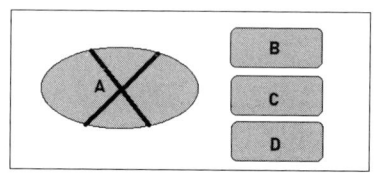

图77-3

除了A以外,S都VP

四、布置作业

用"除了……以外"改写句子

(1)我们班今天只有安娜没来。

(2)四川菜很辣,湖南菜也很辣。

(3)这件事情爸爸知道,妈妈也知道。

(4)墙上有一张照片和一张中国地图。

(5)我们周末去了展览馆和书店。

(6)我来中国是想学习汉语和体验中国文化。

(7)我们班只有我一个人是美国人。

(8)孩子只要妈妈抱他。

78. 怎么教介词框架"在……中"?

一、教学对象

中高级水平的汉语学习者,词汇量在1800～2500。

二、教学内容和目标

1. 了解介词框架"在……中"的四种语义特征:抽象空间义、范围义、时间义和过程义

2. 了解介词框架"在……中"的句法功能:在句中多做状语,少数情况下也可以做定语和补语

三、教学步骤

1.复习及引入

教师向学生提问,要求学生使用"在……中"结构回答。

教师可以就现场情境问学生:"你的文具盒／水杯／试卷在哪里?"然后教师根据学生的回答在黑板上板书:

在书包中 in the bag ／ 在抽屉中 in the drawer

如果学生未使用目标结构"在……中"而使用了"在……里",教师应做出解释:表示具体空间义时,二者可以互相替换;但之后学习其他引申义用法时,则不可以将"在……中"简单地替换为"在……里"。两个结构在语义上既有相同的部分,又有不同的部分。

教师总结"在……中"表示具体空间义的情况,对学生已经学过的知识进行巩固,并说明此时的"在……中"除了可以出现在句首做状语外,也可以出现在主语后做状语。教师板书:

S + 在……中 + V + O

在……中,S + V + O

例如可以说：

（1）我在书包<u>中</u>放了一个布娃娃。

2. 新课讲解

教师准备一个空纸盒子做道具，用它解释介词框架"在……中"的基本含义。教师板书：

"盒子"的语义特征：[＋器具][＋三维立体][＋边界][＋可容物]

教师适当借助英语和简单的中文对这些语义特征进行解释，例如："三维立体"（three-dimensional），指盒子具有长、宽、高三个维度，不是一个平面；"边界"（boundary），指盒子的盖子；"可容物"（content），指盒子里可以放东西。

教师举例：

（2）我们<u>在</u>教室<u>中</u>上课。（盒子为"教室"，盒子里的东西为"我们"）

（3）命运掌握<u>在</u>自己的手<u>中</u>。（盒子为"手"，盒子里的东西为"命运"）

（4）小时候的样子永远留<u>在</u>我们的记忆<u>中</u>。（盒子为"我们的记忆"，盒子里的东西为"小时候的样子"）

教师指出，"在……中"做补语时多出现在谓语后。接着，教师讲解"在……中"由空间义引申出的范围义，引导学生重点关注盒子的"边界"特征。例如：

（5）<u>在</u>校园<u>中</u>，有许多银杏树和可爱的小猫。（表示范围义时强调界限，是校园非其他地方）

（6）小偷儿就藏<u>在</u>这三个人<u>中</u>。（小偷儿的范围被限制为这三个人而非其他人）

（7）只有<u>在</u>科幻电影<u>中</u>才能看到外星人。（其他情况下不存在外星人）

教师板书：

在＋界限＋中：范围义

教师接着提出下列问题，请学生作答。

在班上的同学中，你和哪一位同学关系很好？

在你学汉语的过程中，你觉得哪个字最难读准？

教师展示图78-1，与"盒子"进行比较，并借助例子解释"在……中"表示的时间义。

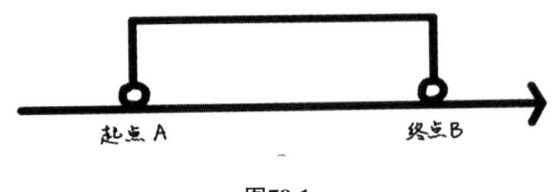

图78-1

以"在大学四年中"为例，开学这一天为起点，毕业这一天为终点，这两天可以看作"盒子"的边界，四年中的每一天都可以看作"盒子"里的东西。教师还可以展示更多的例子，如：

在寒假中　　在最近20年中　　在痛苦的日子中　　在以后的生活中
在昨天的考试中　　在开学这三个月中

教师板书：

在＋时间段＋中：时间义

教师最后讲解"在……中"的过程义。板书：

在＋持续动作＋中：过程义

教师需要说明：之前学习的"在……中"的宾语基本上为名词性成分，但其实宾语也可以是动词性成分，整个介词框架表示某个动作的过程。例如：

在考试中　during/in the exam

在发展中　in development

在学习中　in the learning process

接着，教师展示一些情境的图片，如考试、比赛、游戏等情境，引导学生进行说话练习，并告诉学生以上情况中的"在……中"都可以替换为"在……的过程中"。

3. 课堂总结

教师利用板书总结"在……中"的抽象空间义、范围义、时间义、过程义四种语义特征，要求学生将教学中所涉及的例句朗读一遍，加深学生对"在……

中"的语义特征和句法位置的印象。

四、布置作业

你的弟弟今年高中毕业,他也想来中国上大学,于是他来信向你询问申请中国大学的过程。请你写一封100字左右的回信,并在信中分别使用表抽象空间义、范围义、时间义和过程义的"在……中"。

79. 怎样安排与介词"把"相关句型的教学顺序?

在汉语二语习得领域,不少专家根据第二语言学习者对"把"字句的习得情况,提出了"把"字句的教学顺序(Teng,2001;陆庆和,2003;李英、邓小宁,2005;卢福波,2005),得出的基本一致的意见是先教"S+把+N_1+V+在/到/给+N_2"和"S+把+N+V+其他成分('了'、动量补语、动词宾语等)"两种句型,再教"S+把+N+V+补语(表示具体意义的结果补语、趋向补语)"和"S+把+N_1+V成/作+N_2"两种句型。

在这几种句型中,最应先教授的是表示位置变化意义的"把"字句,因为这种句型最常用,而且表义比较具体,学生容易理解。还有一个原因是,这种句型不能变换为非"把"字句。以往的教学中通常先教"把饭吃完"这种"把"字句句型,而且教学时教师会用主谓宾句让学生进行句式变换操练,如将"把饭吃完"变为"吃完饭",这就会让学生认为"把"字句不是必用句式,用简单的主谓宾句就可以表达相应的意义,因此学生就会出现回避使用"把"字句的现象。而先学习表达位置变化意义的"把"字句,可以让学生不再回避使用"把"字句。

一、"S+把+N_1+V+在/到/给+N_2"的教学

教师可以通过动作进行演示。以下为教授句型"S+把+N_1+V+在+N_2"时师生的对话:

师:大家看,老师的书在哪儿?

生：在椅子上。

师：（老师把书从椅子上拿到桌子上）你们看，老师做了什么？

生：（书）放在桌子上。

师：对！我们可以说"老师把书放在桌子上了"，大家一起跟我说——

师生：老师把书放在桌子上了。

师：老师做了什么？

生：老师把书放在桌子上了。（此时，教师板书或在ppt上展示该目标句）

师：安妮，老师做了什么？

安妮：老师把书放在桌子上了。

师：安妮，请你把书放在书包里。（安妮做动作，老师板书或在ppt上展示该目标句）

师：大家看，安妮做了什么？

生：安妮把书放在书包里了。

师：请大家看这两个句子，它们有什么一样的地方？

（学生回答）

师：对，都是"S＋把＋N_1＋V＋在＋N_2"。（教师板书或在ppt上展示该句型）如果一个人做一件事情，使另一个人或者某个东西的地方发生改变了，那我们可以用"S＋把＋N_1＋V＋在＋N_2"。

同样地，"S＋把＋N_1＋V＋到＋N_2""S＋把＋N_1＋V＋给＋N_2"，以及"S＋把＋N＋V＋其他成分（'了'、动量补语、动词宾语等）"等句型也可以使用类似的方法进行教授。

二、"S＋把＋N＋V＋补语（表示具体意义的结果补语、趋向补语）"的教学

师：现在有点儿热，怎么办？

生：打开空调。

师：空调现在工作吗？

生：不工作。

师：（老师把空调打开）你们看，现在呢？

生：工作了。

师：对！空调原来没开，老师做了"打开"的动作后，空调开了。我们也可以用"把"字句。你们想想，应该怎么说？

生1：老师空调把……

生2：空调把老师……

师：大家想一想我们原来学过的"把"字句，比如"老师把书放在桌子上了"，先说什么？再说什么？

生3：老师把空调打开了。

师：非常好！我们可以说"老师把空调打开了"。老师做了"打开空调"的动作，空调原来是关着的，现在打开了。大家一起跟我说"老师把空调打开了"。

生：老师把空调打开了。（教师板书或在ppt上展示该目标句）

师：（老师把空调关上）你们看，现在呢？

生：老师把空调关上了。

师：很好！大家一起说——老师把空调关上了。（教师板书或在ppt上展示该目标句）

师：请大家看这两个句子，它们有什么一样的地方？

（学生回答）

师：对！都是"S + 把 + N + V + 结果补语（resultative complement）"。（教师板书或在ppt上展示该句型）如果一个人做一件事情，使另一个人或者某个东西改变了，那我们可以用"S + 把 + N + V + 结果补语"。

同样地，"S + 把 + N + V + 趋向补语"的教学也可以采用类似的方法。

三、"S + 把 + N_1 + V 成/作 + N_2"的教学

师：（老师指着罗恩）你可以去帮我买一瓶水吗，麦克？

罗恩：老师，我不是麦克，我是罗恩。

师：对不起。老师把你当成麦克了。大家一起跟我说——老师把罗恩当成麦

克了。

生：老师把罗恩当成麦克了。（教师板书或在ppt上展示该目标句）

师：今天星期五，马上就到周末了。

生：老师，今天星期四。

师：对不起。我把星期四当成星期五了。大家一起跟我说——老师把星期四当成星期五了。（教师板书或在ppt上展示该目标句）

师：你们看，如果我们犯了错误，以为是A，但应该是B，我们可以用"S + 把 + N_1 + V成 + N_2"。（教师板书或在ppt上展示该句型）来中国以后，你们有没有做过这样的事情？（讨论）

生1：我把一毛钱当成一块钱了。

生2：我把"水饺"听成"睡觉"了。

……

师：大家的故事都很有意思，以后一定要更加认真，别把A当成B了。

参考文献

安娜（2019）俄罗斯学生习得汉语常用介词的偏误分析及教学对策，黑龙江大学硕士学位论文。

白荃、岑玉珍（2007）母语为英语的学生使用汉语介词"对"的偏误分析，《语言文字应用》第2期。

本间结（2013）日本留学生习得汉语介词"对"的偏误研究，湖南师范大学硕士学位论文。

彼得（GIKONYO PETER MWAI）（2019）肯尼亚学生汉语常用介词习得偏误分析，天津师范大学硕士学位论文。

曹炜（2011）《〈金瓶梅词语〉虚词计量研究》，广州：暨南大学出版社。

陈昌来（2002）《介词与介引功能》，合肥：安徽教育出版社。

陈昌来（2003）现代汉语介词框架的考察，中国语言学会《中国语言学报》编委会编《中国语言学报（第11期）》，北京：商务印书馆。

陈昌来（2014）《汉语"介词框架"研究》，北京：商务印书馆。

崔立斌（2006）韩国学生汉语介词学习错误分析，《语言文字应用》第S2期。

崔希亮（2005）欧美学生汉语介词习得的特点及偏误分析，《世界汉语教学》第3期。

丁安琪、沈兰（2001）韩国留学生口语中使用介词"在"的调查分析，《语言教学与研究》第6期。

董秀芳（2003）论"X着"的词汇化，北京大学汉语语言学研究中心《语言学论丛》编委会编《语言学论丛（第二十八辑）》，北京：商务印书馆。

董阳（2020）中亚留学生汉语"在"字介词框架的偏误分析，新疆大学硕士学位论文。

方清明（2012）介词"随着"的句法、语义特点及教学策略探析，《华文教学与研究》第1期。

方清明（2017）《现代汉语介词用法词典》，北京：商务印书馆。

傅雨贤、周小兵、李炜等（1997）《现代汉语介词研究》，广州：中山大学出版社。

高凯敏（Kay Khaing Myint）（2016）现代汉缅语法系统对比，仰光外国语大学博士学位论文。

高顺全（2017）语序类型学视角下的汉语框式介词习得偏误研究——以"在……上"为

例,《海外华文教育》第12期。

郭慧(2019)老挝留学生习得介词"给"的偏误分析,云南师范大学硕士学位论文。

郭锐(2002)《现代汉语词类研究》,北京:商务印书馆。

韩松涛(2019)《韩国留学生使用汉语介词分析》,沈阳:辽宁民族出版社。

何洪峰、崔云忠(2014)汉语次生介词,《语言研究》第4期。

黄露阳(2012)介词框架"对……来说"的偏误分析,《海外华文教育》第3期。

黄潇(2015)泰国汉语学习者介词偏误分析,内蒙古师范大学硕士学位论文。

嘉蜜(MARZIYEH MIRTAJADDINI)(2017)伊朗汉语学习者介词"从"偏误分析及教学策略,浙江大学硕士学位论文。

教育部中外语言交流合作中心(2021)《国际中文教育中文水平等级标准》,北京:北京语言大学出版社。

金昌吉(1996)《汉语介词和介词短语》,天津:南开大学出版社。

金立鑫(2008)系统方法和现代汉语的介词及副词系统,《对外汉语研究》第4期。

黎锦熙(1924)《新著国语文法》,上海:商务印书馆。

黎锦熙、刘世儒(1957)汉语介词的新体系,《中国语文》第2期。

黎锦熙、刘世儒(1959)《汉语语法教材:第二编 词类与构词法》,北京:商务印书馆。

黎氏青和(LE THI THANH HOA)(2012)越南学生介词"给"的习得研究,吉林大学硕士学位论文。

李德鹏(2011)《现代汉语双音节介词成词研究》,北京:光明日报出版社。

李金静(2005)"在+处所"的偏误分析及对外汉语教学,《语言文字应用》第S1期。

李英、邓小宁(2005)"把"字句语法项目的选取与排序研究,《语言教学与研究》第3期。

林齐倩(2006)外国留学生使用"在NL"的调查分析,《对外汉语研究》第2期。

林忠(2013)《现代汉语介词结构漂移的语用功能解释》,北京:中国社会科学出版社。

林柱(2008)日本留学生使用介词"对"的有关偏误分析,《暨南大学华文学院学报》第4期。

刘丹青(2001)语法化中的更新、强化与叠加,《语言研究》第2期。

刘丹青(2002)汉语中的框式介词,《当代语言学》第4期。

刘丹青(2003)《语序类型学与介词理论》,北京:商务印书馆。

刘香君(2010)越南学生"在+NP"使用偏误及教学对策,《云南师范大学学报(对外汉语教学与研究版)》第6期。

刘瑜(2007)中、高级学生介词"在"习得情况考察及分析,《海外华文教育》第1期。

刘月华、潘文娱、故𰻞(2001)《实用现代汉语语法(增订本)》,北京:商务印书馆。

卢福波（1996）《对外汉语教学实用语法》，北京：北京语言学院出版社。

卢福波（2005）对外汉语教学基本句型的确立依据与排序研究，《语言文字应用》第4期。

鲁健骥、吕文华（2006）《商务馆学汉语词典》，北京：商务印书馆。

陆庆和（2003）关于"把"字句教学系统性的几点思考，《暨南大学华文学院学报》第1期。

陆庆和、黄兴（2009）《汉语水平步步高：介词、代词》，苏州：苏州大学出版社。

陆庆和、林齐倩、陶家骏（2017）《对外汉语词汇教学系统性与有效性研究》，北京：北京大学出版社。

吕叔湘（1999）《现代汉语八百词（增订本）》，北京：商务印书馆。

马贝加（2002）《近代汉语介词》，北京：中华书局。

马建忠（1983）《马氏文通》，北京：商务印书馆。

玛利亚（REYES MARIA ELINA）（2019）阿根廷本土汉语初级学生介词习得研究，吉林大学硕士学位论文。

彭小川、李守纪、王红（2004）《对外汉语教学语法释疑201例》，北京：商务印书馆。

齐沪扬主编（2005）《对外汉语教学语法》，上海：复旦大学出版社。

钱坤、赵春利（2021）介词"按照"的分布验证和语义提取，《汉语学习》第2期。

施文志（2008）从泰国学生状语移位现象看母语的负迁移——以介词短语移位为例，《云南师范大学学报（对外汉语教学与研究版）》第3期。

石微（2016）《现代汉语依据类介词研究》，长春：吉林大学出版社。

石毓智（1995）时间的一维性对介词衍生的影响，《中国语文》第1期。

孙文统（2018）介词悬空结构的生成机制及形成动因，《浙江理工大学学报（社会科学版）》第1期。

甜甜（HANAN YASSIR）（2017）阿拉伯国家学生汉语介词"在""从""对""向"习得偏误分析，南京大学硕士学位论文。

王鸿滨（2017）《面向二语教学的现代汉语介词研究》，北京：中国广播影视出版社。

王珏（2007）现代汉语"作为"及其语法化历程，《华东师范大学学报（哲学社会科学版）》第1期。

王力（1943）《中国现代语法》，北京：商务印书馆。

王世群（2016）《现代汉语框式介词研究》，南京：南京大学出版社。

王振来（2013）《汉语介词标记研究》，沈阳：辽宁人民出版社。

吴春相（2013）《现代汉语句子组成单位的语序变换研究》，济南：齐鲁书社。

吴继峰（2012）英美学生使用汉语介词"在"的相关偏误分析，《云南师范大学学报（对外汉语教学与研究版）》第6期。

吴门吉、周小兵（2004）"被"字句与"叫、让"被动句在教学语法中的分离，《云南师范大学学报（对外汉语教学与研究版）》第4期。

向熹（1993）《简明汉语史·下》，北京：高等教育出版社。

邢福义（2002）《汉语语法三百问》，北京：商务印书馆。

邢福义（2016）《汉语语法学（修订本）》，北京：商务印书馆。

徐烈炯、刘丹青（2018）《话题的结构与功能（增订本）》，上海：上海教育出版社。

徐烨荣（2020）韩国学生使用介词"给"和"对"的偏误分析及教学策略，曲阜师范大学硕士学位论文。

焉德才（2018）《韩国留学生习得汉语介词副词偏误分析——基于国别化汉语中介语语料库的研究》，北京：中国社会科学出版社。

杨锡彭（2003）《汉语语素论》，南京：南京大学出版社。

杨晓安（2012）日本汉语教学的现状，周小兵主编《国际汉语（第二辑）》，广州：中山大学出版社。

姚红（2006）现代汉语介词的隐现问题研究，南京师范大学硕士学位论文。

张赪（2002）《汉语介词词组词序的历史演变》，北京：北京语言文化大学出版社。

张成进（2020）《现代汉语双音介词的词汇化与语法化研究》，南京：南京大学出版社。

张宁晴（2018）日本留学生习得介词"在"的偏误分析，安徽师范大学硕士学位论文。

张学成（1986）介词及其宾语的省略，《杭州师院学报（社会科学版）》第4期。

张艳华（2005）韩国学生汉语介词习得偏误分析及教学对策，《云南师范大学学报（对外汉语教学与研究版）》第3期。

张谊生（2000）《现代汉语虚词》，上海：华东师范大学出版社。

张谊生（2009）介词悬空的方式与后果、动因和作用，《语言科学》第3期。

张谊生（2013）介词叠加的方式与类别、作用与后果，《语文研究》第1期。

张谊生（2016）《介词的演变、转化及其句式》，北京：商务印书馆。

章士钊（1907）《中等国文典》，上海：商务印书馆。

赵葵欣（2000）留学生学习和使用汉语介词的调查，《世界汉语教学》第2期。

赵元任（1979）《汉语口语语法》，北京：商务印书馆。

周文华（2011）《现代汉语介词习得研究》，北京：世界图书出版公司北京公司。

周文华（2013）韩国学生不同句法位"在+处所"短语习得考察，《华文教学与研究》第4期。

周小兵（1991）浅谈"除"字句，张维耿、何子铨、黄皇宗主编《对外汉语教学研究》，广州：中山大学出版社。

周小兵（1995）谓语前介词结构的同现次序，中国语文杂志社编《语法研究和探索（七）》，北京：商务印书馆。

周阳（2016）从偏误看德语介词"von"对德国留学生使用介词"从"的影响，《沧州师范学院学报》第2期。

左甜甜（AGU CHINAEMEUCHEYA SANDRA）（2020）尼日利亚学生习得汉语对象类介词"对""向""给"的偏误分析，河北大学硕士学位论文。

Teng, Shou-hsin (2001) Defining and sequencing syntactic structures in L2 Chinese instructional materials,《暨南大学华文学院学报》第1期。

后　记

近年来,汉语作为第二语言的介词研究和教学在内容、方法上取得了很大进展,本书将这些进展消化吸收,汇集成册,希望能为新手教师提供基础知识与教学方面的参考。

本书能够呈现在读者面前,首先要感谢齐沪扬教授。作为齐老师主持的国家社科基金重大项目"对外汉语教学语法大纲研制和教学参考语法书系(多卷本)"(17ZDA307)的一部分,本书的体例策划、内容选定、章节安排、初稿审读等各个环节都倾注了齐老师的汗水和心血。其次,要感谢胡建锋教授与李铁范教授。作为丛书的统筹人与丛书子系列的负责人,他们进行了大量细致琐碎的协调工作,为我们答疑解惑,使得本书的写作能够顺利进行。最后,要感谢匿名审稿专家以及北语社的编辑老师,他们给予的宝贵意见使本书的质量明显得以提升。

在本书撰写过程中,我们还得到了几位师生的帮助。华东师范大学语言学及应用语言学专业的储玥撰写了第45、51、78问的初稿,南京师范大学对外汉语专业的刘懿圆、阮氏黄仙以及汉语国际教育专业的秦瑶、马含蕊和王莲协助进行了部分初稿的整理与校对工作,深圳职业技术学院的刘宏帆老师协助拍摄了部分照片,在此一并致谢。

我们水平有限,书中的不足之处恳请读者方家不吝批评指正。

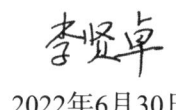

2022年6月30日